职业教育·城市轨道交通类专业教材

# 城市轨道交通
# 列车驾驶操作及应急故障处理

主　编　张　伟
副主编　齐长宝　陈济臣
主　审　孟　东

人民交通出版社

北京

## 内 容 提 要

本书为职业教育城市轨道交通类专业教材。本书结合目前城市轨道交通行业新技术的发展,在传统城市轨道交通列车驾驶操作基础上,增加了全自动运行条件下的驾驶操作内容。其主要内容包括:列车整备与出入车辆基地作业;正常情况下的正线列车驾驶作业;非正常情况下的列车驾驶作业;其他列车运行作业;列车驾驶应急故障处理与列车救援作业。

本书可作为城市轨道车辆应用技术专业高职教学用书,也可作为相关行业岗位培训或自学用书,同时可供城市轨道交通从业人员学习参考。

本书配有多媒体教学PPT课件,任课教师可加入"职教轨道教学研讨群"获取(教师专用QQ群号:129327355)。

**图书在版编目(CIP)数据**

城市轨道交通列车驾驶操作及应急故障处理 / 张伟主编. — 北京：人民交通出版社股份有限公司, 2025.
2. — ISBN 978-7-114-20258-2

Ⅰ. U239.5

中国国家版本馆CIP数据核字第2025L2X638号

职业教育·城市轨道交通类专业教材
Chengshi Guidao Jiaotong Lieche Jiashi Caozuo ji Yingji Guzhang Chuli

| | |
|---|---|
| 书　　名： | 城市轨道交通列车驾驶操作及应急故障处理 |
| 著 作 者： | 张　伟 |
| 责任编辑： | 滕　威 |
| 责任校对： | 龙　雪 |
| 责任印制： | 张　凯 |
| 出版发行： | 人民交通出版社 |
| 地　　址： | (100011)北京市朝阳区安定门外外馆斜街3号 |
| 网　　址： | http://www.ccpcl.com.cn |
| 销售电话： | (010)85285911 |
| 总 经 销： | 人民交通出版社发行部 |
| 经　　销： | 各地新华书店 |
| 印　　刷： | 北京科印技术咨询服务有限公司数码印刷分部 |
| 开　　本： | 787×1092  1/16 |
| 印　　张： | 14.25 |
| 字　　数： | 345千 |
| 版　　次： | 2025年2月　第1版 |
| 印　　次： | 2025年2月　第1次印刷 |
| 书　　号： | ISBN 978-7-114-20258-2 |
| 定　　价： | 45.00元 |

(有印刷、装订质量问题的图书,由本社负责调换)

# PREFACE 前言

**【编写背景】**

城市轨道交通在缓解城市交通拥堵、减少环境污染等方面发挥着重要作用,是建设绿色城市、智能城市的有效途径。城市轨道交通列车司机是城市轨道交通运输服务的提供者与安全的守护者,在保障城市轨道交通的安全、高效、便捷运行等方面起着重要作用。

**【编写特点】**

**1. 教学内容匹配工作任务,校企双元开发**

本书在编写中结合教育部于2022年公布的《城市轨道车辆应用技术专业教学标准》和2019年人力资源和社会保障部、交通运输部联合颁布的《国家职业技能标准:轨道列车司机(城市轨道交通列车司机)》,整合学习内容,采用校企双元的模式,结合智慧城轨的发展,按照"四新技术"的要求,针对轨道列车司机驾驶岗位的必备技能和工作任务,做到教学内容和工作任务相接轨、能力培养和职业技能训练相接轨,增强学习者的岗位适应性,培养高素质的城市轨道交通技术技能人才。

**2. 与时俱进,紧跟行业发展**

党的二十大报告指出:"建设现代化产业体系。坚持把发展经济的着力点放在实体经济上,推进新型工业化,加快建设制造强国、质量强国、航天强国、交通强国、网络强国、数字中国。实施产业基础再造工程和重大技术装备攻关工程,支持专精特新企业发展,推动制造业高端化、智能化、绿色化发展。"为适应交通强国建设的要求,紧随绿色城轨、智慧城轨的发展步伐,全自动列车运行技术正日新月异地进步,为此,本书重点增加了全自动列车运行驾驶的内容,方便广大学习者对全自动列车运行驾驶知识的学习。

**3. 数字资源丰富**

本书配有丰富的数字资源,可以扫码观看教学视频和动画。正文部分层次清晰、图文并茂、内容丰富。

**【编写内容】**

本书在编写过程中基于城市轨道交通列车司机的职业能力要求，遵循学生的认知规律和职业成长规律，全面介绍了城市轨道交通列车驾驶操纵及应急故障处理的内容，涵盖了城市轨道交通列车司机必备的典型工作任务，按照城市轨道交通列车司机的作业流程来编排，共五个项目二十一个任务。

**【编写人员】**

本书采用校企合作编写的形式，由山东职业学院张伟任主编，齐长宝、陈济臣任副主编，济南轨道交通集团运营有限公司高级工程师孟东担任主审，青岛地铁集团运营有限公司电客车司机刘发振参与编写。各项目的编写人员为：陈济臣编写项目一；齐长宝编写项目二、项目三（部分）；刘发振编写项目三（部分）；张伟编写项目四；王凯编写项目五。全书由张伟统稿。

**【致谢】**

在本书的编写过程中，我们查阅和参考了大量文献资料，得到了上海、北京、宁波、杭州、济南、青岛、苏州等地地铁公司相关人员的大力支持，他们提供了丰富的企业案例和参考资料，我们在此一并表示感谢！

由于编者水平有限，书中难免有纰漏，欢迎读者批评指正！

编　者
2024年7月

# 数字资源索引

资源使用说明：
1. 扫描封面二维码，注意每个码只可激活一次；
2. 长按弹出界面的二维码关注"交通教育出版"微信公众号并自动绑定资源；
3. 公众号弹出"购买成功"通知，点击"查看详情"，进入后即可查看资源；
4. 也可进入"交通教育出版"微信公众号，点击下方菜单"用户服务—图书增值"，选择已绑定的教材进行观看。

| 序号 | 资源名称 | 资源类型 | 所在页码 |
| --- | --- | --- | --- |
| 1 | 司机出勤流程 | 微课 | 4 |
| 2 | 司机退勤流程 | 微课 | 14 |
| 3 | 整备作业 | 微课 | 23 |
| 4 | 出场作业 | 微课 | 45 |
| 5 | 入场作业 | 微课 | 45 |
| 6 | CBTC模式下站台作业 | 微课 | 60 |
| 7 | 非CBTC模式（点式模式）下站台作业 | 微课 | 61 |
| 8 | 非CBTC模式（非限制性模式）下站台作业 | 微课 | 61 |
| 9 | 非CBTC模式（限制性模式）下站台作业 | 微课 | 61 |
| 10 | 行车闭塞定义和分类 | 微课 | 71 |
| 11 | 电话闭塞法 | 微课 | 71 |
| 12 | 固定闭塞 | 微课 | 73 |
| 13 | 准移动闭塞 | 微课 | 73 |
| 14 | 移动闭塞 | 微课 | 73 |

续上表

| 序号 | 资源名称 | 资源类型 | 所在页码 |
|---|---|---|---|
| 15 | 折返作业 | 微课 | 87 |
| 16 | 车门关闭时站台门不联动 | 微课 | 192 |
| 17 | 列车紧急制动不缓解(1) | 微课 | 195 |
| 18 | 列车紧急制动不缓解(2) | 微课 | 195 |
| 19 | 列车气制动图标显示红点 | 微课 | 196 |
| 20 | 列车停放制动施加、缓解灯不亮 | 微课 | 196 |
| 21 | 辅助逆变器图标显示异常 | 微课 | 197 |
| 22 | 主断合灯不亮 | 微课 | 197 |
| 23 | 牵引电机故障(1) | 微课 | 198 |
| 24 | 牵引电机故障(2) | 微课 | 198 |
| 25 | 牵引封锁/激活故障 | 微课 | 198 |
| 26 | 受电弓降弓迫停区间 | 微课 | 200 |
| 27 | 整侧车门无法打开 | 微课 | 201 |
| 28 | 整侧车门无法关闭 | 微课 | 202 |
| 29 | "所有车门关闭"指示灯不亮 | 微课 | 203 |
| 30 | 单个车门故障 | 微课 | 203 |

# CONTENTS 目录

**项目一　列车整备与出入车辆基地作业** ·················································· 1
 任务一　司机出勤作业 ·················································· 2
 任务二　司机退勤作业 ·················································· 13
 任务三　列车整备作业 ·················································· 22
 任务四　列车出入车辆基地作业 ·················································· 43

**项目二　正常情况下的正线列车驾驶作业** ·················································· 54
 任务一　站台作业 ·················································· 55
 任务二　区间作业 ·················································· 69
 任务三　折返作业 ·················································· 86
 任务四　交接班作业 ·················································· 101

**项目三　非正常情况下的列车驾驶作业** ·················································· 108
 任务一　列车未对准站台停车标的处置作业 ·················································· 109
 任务二　列车推进运行作业 ·················································· 115
 任务三　列车反方向运行作业 ·················································· 121
 任务四　列车退行作业 ·················································· 126
 任务五　电话闭塞法列车驾驶作业 ·················································· 132
 任务六　特殊天气的列车行车作业 ·················································· 138
 任务七　临时运营调整情况下的列车驾驶作业 ·················································· 145

**项目四　其他列车运行作业** ·················································· 151
 任务一　调车作业 ·················································· 152
 任务二　调试作业 ·················································· 166
 任务三　洗车作业 ·················································· 174

**项目五　列车驾驶应急故障处理与列车救援作业** ································ 183
　任务一　排除故障的基本技巧 ···················································· 184
　任务二　列车常见故障处理 ························································ 191
　任务三　列车救援作业 ······························································ 212
**参考文献** ······················································································ 220

# 项目一
# 列车整备与出入车辆基地作业

## 项目描述

城市轨道交通司机列车整备与出入车辆基地作业是列车投入运营工作前或运营后的重要准备阶段。列车正线运营前,司机应做好出勤、列车整备及出车辆基地等各项准备工作,以保证列车正点上线,安全运营。列车进入车辆基地后停放在规定股道上,司机完成退勤作业,这标志着列车司机一天工作的结束和列车从运营状态转为维护保养状态,这一过程对确保列车和司机的安全,以及为第二天的运营做好准备至关重要。

标准、完善的出勤、退勤制度有利于加强司机的日常管理、督促司机严格履行岗位职责、规范司机的工作行为、保证安全平稳地驾驶列车,实现列车安全正点运行。列车整备作业与出入车辆基地作业的质量直接影响列车能否顺利正点地上线运营,影响整个城市轨道交通的运营效率,更直接关系乘客和司机的生命财产安全。

## 情境导入

随着科技的进步与社会的发展,城市轨道交通已成为一座城市的标志、出行的首选方式。城市轨道交通如同城市交通的大动脉,给城市供给着"养分"。城市轨道交通列车司机,顾名思义,就是列车的驾驶员,他们驾驶的列车是确保千万乘客安全的"保护舱",护送着千万乘客安全抵达目的地。列车正线运营之前要做哪些工作呢?列车正线运营之前的整备作业如图1-1所示。

图1-1 列车正线运营之前的整备作业

## 学习目标

**知识目标**

1. 掌握列车司机台账的填写规范。
2. 掌握列车司机出勤、退勤与交接班作业的有关要求及流程。
3. 掌握列车司机整备作业的有关要求及流程。
4. 掌握车辆基地线路、信号、供电基础知识。
5. 掌握列车出入车辆基地作业流程。

**能力目标**

1. 能够完成司机日志、司机出退勤登记簿等台账的填写。
2. 能够完成列车司机出勤、退勤及交接班作业。
3. 能够完成列车整备作业。

**素质目标**

1. 树立"安全第一"的安全意识。
2. 培养精益求精、不惧困难、勇于创新的精神。
3. 培养良好的职业技能和素养。

## 任务一　司机出勤作业

### 任务引导

司机出勤作业是城市轨道交通列车司机在正线运营前的重要准备工作,在这个阶段中司机应做好出勤前的各项工作,包括业务准备、生理准备及心理准备。一个标准、完善的出勤制度,能够有效地加强司机的日常管理,督促司机严格遵守岗位职责,规范其工作行为,这不仅有助于提升司机的工作效率,还能够确保他们在驾驶列车时集中注意力,遵循操作规程,从而保障列车的安全和正点运行。

司机出勤作业是城市轨道交通列车司机一天工作的起点,也是工作任务的重点,它需要列车司机严谨、认真、高效地完成每一步作业。司机出勤作业在(段)场派班室或轮乘站派班室完成,按照规定准时出勤、领取行车备品等。城市轨道交通列车司机出勤准备作业如图1-2所示。

图1-2　城市轨道交通列车司机出勤准备作业

## 📖 课前思考

1. 什么是司机出勤作业？为什么要进行司机出勤作业？
2. 司机出勤作业的工作流程包括哪些环节？
3. 司机出勤时需要携带哪些工具？填写哪些资料？
4. 司机出勤作业需要注意的问题有哪些？

## ❀ 理论储备

### 一、车辆段（停车场）司机出勤作业

#### 1. 车辆段（停车场）司机出勤前的准备

司机在出勤前班前8h严禁饮酒，必须保证充分休息，保持精力充沛，不得服用影响精神状态的药物，生理和心理状况必须符合列车司机工作的要求。司机出勤前须按公司着装标准着工作服，知晓出勤时间及地点。

若遇身体不适或其他特殊情况影响驾驶状态时，司机应提前90min向车辆段当值派班员及本车队队长说明，由车队队长及车辆段当值派班员做好人员调整。

出退勤一体机正常时，取消纸质台账，由当值队长/派班员在乘务管理系统中登记800MHz电台、400MHz电台及钥匙编号；出退勤一体机故障时，采用纸质台账出退勤，司机需填写司机出/退勤登记表，见表1-1，当值队长/派班员进行确认盖章。

司机出/退勤登记表　　　　　　　　　　　　　　表1-1

| 日期： 年 月 日 | | | | | | | 班组： | | |
|---|---|---|---|---|---|---|---|---|---|
| | | | 出勤 | | | | 退勤 | 备注 |
| 交路 | 车次 | 车号 | 股道 | 姓名 | 计划出勤 | 出勤时间 | 退勤时间 | |
| | | | | | | | | |
| | | | | | | | | |
| | | | | | | | | |
| | | | | | | | | |
| | | | | | | | | |
| 交接内容 | 主控钥匙数量：　　　套　　其他钥匙数量：　　　把<br>800MHz电台数量：　　　台　　400MHz电台数量：　　　台<br>其他： | | | | | | | |

填写说明：该表在司机出勤时由排班人员进行填写，除姓名、出勤时间及退勤时间外的其他项目，排班人员应提前填好

司机应严格按照公司规定着装,携驾驶证、上岗证等必要证件,以及《行车组织规则》《列车操作规程》《车辆故障应急处理指南》《车辆段/停车场运作手册》等技术资料。严禁无证上岗,且不得携带与行车无关的物品,将手机调至关机或飞行模式。

2. 车辆段(停车场)司机出勤作业流程

1)出勤时间及地点

(1)时间:出库前40min。

(2)地点:××车辆段(××停车场)派班室。

司机出勤流程

2)出勤流程

(1)一体机出勤(登录、酒精测试、业务测试、进行交路信息核对,点击"出勤"、确认出勤成功)。

(2)司机在司机日志(表1-2)上抄写行车注意事项、调度命令、行车预想、限速要求等行车执行要求,填写司机报单(表1-3)。

司机日志　　　　　　　　　　　　　　　　　表1-2

| 日期 | | 车号 | | 学员 | | |
|---|---|---|---|---|---|---|
| 司机 | | 车次 | | 天气 | | |
| 出勤时间 | | | 派班员签名 | | 重要行车信息 | |
| 退勤时间 | | | 派班员签名 | | | |
| 当班交路/班次 | | | | | | |
| 行车注意事项 | | | | | 备注 | |

填表说明:司机出勤时到达派班室,根据当日的交班信息以及行车注意事项进行填写,并交由派班人员签章确认。在行车过程中如实记录当班期间发生的事件,并在退勤时交由排班人员签章确认

司机报单　　　　　　　　　　　　　　　　　　表1-3

| 日期: 年 月 日 | | | | 时刻表: | | | |
|---|---|---|---|---|---|---|---|
| 岗位 | 姓名 | 工号 | 车队 | 股道 | | | |
| 司机 | | | | 出库车号 | | 出勤时间 | |
| 学员司机 | | | | 出库车次 | | 派班员签字 | |

交路:

| 序号 | 车号 | 车次 | 始发站 | 发车时间 | 终点站 | 到站时间 | 驾驶模式 | 备注 |
|---|---|---|---|---|---|---|---|---|
| 1 | | | | | | | | |
| 2 | | | | | | | | |
| 3 | | | | | | | | |
| 4 | | | | | | | | |
| 5 | | | | | | | | |
| 6 | | | | | | | | |

行车信息:

| 退勤时间 | | 派班员签字 | | | 走行千米数 | | 自动: |
|---|---|---|---|---|---|---|---|
| | | | | | | | 手动: |

填表说明:司机出勤时,到达派班室领取,各司机交接车时进行填写,并在退勤时由派班人员签章确认后进行保存

(3)司机领取1台800MHz电台、1台400MHz电台,并确认电台与子钟时间一致;1套主控和方孔钥匙(1套);运营时刻表、列车状态记录卡(表1-4)。

列车状态记录卡　　　　　　　　　表1-4

| 车号 | | 停放位置 | | □运用库　□检修库　□联合车库 |
|---|---|---|---|---|
| 车辆技术状态良好，符合运营条件，可投入运营。<br>轮值技术岗：　　　　　　　　　年　月　日　时　分<br>备注：_____ | | | | |
| 车载通信、车载信号设备技术状态良好，符合运营条件，可投入运营。<br>车载通信检修人员：　　　　　　年　月　日　时　分<br>车载信号检修人员：　　　　　　年　月　日　时　分<br>备注：_____ | | | | |
| 接车车场调度员：　　　　　　　年　月　日　时　分 | | | | |
| 列车回段，司机填报运行里程：□1车　□4车　□6车　里程读数：_____km<br>当天本列车是否有故障：□是（并已记录）　　□否<br>车场调度员：　　　　　　　　　年　月　日　时　分<br>接车轮值技术岗：　　　　　　　年　月　日　时　分 | | | | |
| 序号 | 故障记录 | 时间 | 故障情况 | 采取措施 | 司机签字 |
|---|---|---|---|---|---|
| | | | | | |
| | | | | | |
| | | | | | |
| | | | | | |
| | | | | | |
| | | | | | |
| | | | | | |
| | | | | | |

填表说明：此表由检修调度提供，司机出勤后，拿着此表到达相应的股道进行整备作业。整备作业完毕后，签名确认。晚班回库后将行车千米数填上，退勤时交给派班人员

(4)核对列车状态记录卡上列车车组号及所在股道与收发车计划表上所值乘车次一致。

(5)司机确认行车备品齐全、信息正确（将800MHz电台调至车辆段组/停车场组，将400MHz电台调至站台组）、状态良好。

(6)向当值派班员/队长交司机日志、司机报单，进行审核并盖章确认。

(7)前往指定股道进行出勤。

列车司机车辆段(停车场)出勤作业流程如图1-3所示。

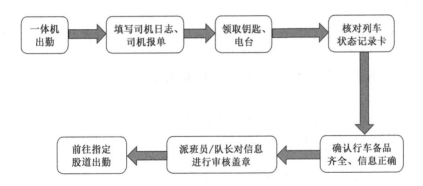

图 1-3 列车司机车辆段(停车场)出勤作业流程

3)出勤注意事项

(1)司机必须认真核对列车股道和车次,并与调度员进行双重确认。

(2)在出勤作业过程中,司机必须严肃、认真地听取派班员的指示及要求,并应主动询问有无其他注意事项,有疑问时必须询问清楚。

(3)派班员必须确认司机的精神状态,审核司机日志上抄录的行车揭示、调度命令及行车注意事项。确认无误并符合出勤作业要求后,派班员在司机日志上签章并交还司机。

## 二、轮乘站司机出勤作业

### 1. 轮乘站司机出勤前的准备

司机在班前8h及班中不得饮酒且酒测合格,须充分休息,确保班中精力充沛,精神状态良好,按规定着装,出勤时带齐个人备品。

司机应按规定接车时间提前到线路中间指定车站的候乘室,向班组长(派班员)出勤,在出勤时认真阅读行车注意事项,做好安全预想,在司机日志上做好记录。由班组长(派班员)检查司机仪表、精神状态及行车备品,对司机进行酒精测试,并在司机日志上签章后,列车司机方可出勤。

如有班前会议,司机应认真参加,并做好记录。司机出勤完成后,应在司机出/退勤登记表上签认,并到指定位置接车,接车时与交车司机交接客车钥匙和行车备品,并确认备品齐全、作用良好。遇特殊线路,需线路两头出勤时,司机可通过电话方式向班组长出勤。

若遇身体不适或其他特殊情况影响驾驶状态时,司机应提前90min向车辆段当值派班员及本车队队长说明,由车队队长及车辆段当值派班员做好人员调整。

### 2. 轮乘站司机出勤作业流程

1)出勤时间及地点

(1)时间:白班,接车点前15min;夜班,一体机出勤时间前。

(2)地点:××站派班室。

2)出勤流程

(1)一体机出勤(登录、酒精测试、业务测试、进行交路信息核对、点击"出勤"、确认出勤成功)。

(2)在司机日志上抄写行车注意事项、调度命令、行车预想、限速要求等行车执行要求,填写司机报单。

（3）领取1台800MHz电台、1台400MHz电台，并确认电台与子钟时间一致；1套主控和方孔钥匙。

（4）确认行车备品齐全、信息正确（将800MHz电台调至正线行车组，将400MHz电台调至站台组）、状态良好。

（5）司机将手机关机并交予当值派班员/队长，当值派班员/队长进行检查，并将司机日志、司机报单交当值派班员/队长进行审核盖章确认。

（6）司机进行出勤。

列车司机轮乘站出勤作业流程如图1-4所示。

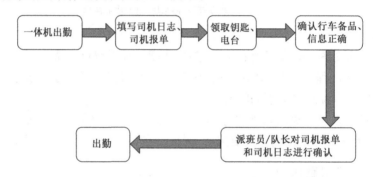

图1-4 列车司机轮乘站出勤作业流程

3）出勤注意事项

（1）司机必须认真核对列车股道和车次，并与调度员进行双重确认。

（2）在出勤作业过程中，司机必须严肃、认真地听取派班员的指示及要求，并应主动询问有无其他注意事项，有疑问时必须询问清楚。

（3）派班员必须确认司机的精神状态，审核司机日志上抄录的行车揭示、调度命令及行车注意事项。确认无误并符合出勤作业要求后，派班员在司机日志上签章后并交还司机。

### 三、电话出勤

电话出勤方式是一种特殊的出勤方式，是地铁公司对某条线路进行调试等特殊情况下采用的一种方式。调试期间地铁尚未正式运营，派班室尚未投入使用或调试列车存放位置距离派班室较远，为提高效率和安全，司机可采用电话出勤。

电话出勤时，司机应带齐个人物品，出勤前8h禁止饮酒，精神状态良好，着装符合上岗要求，按规定出勤时间提前15min到换乘室通过固定电话向派班员办理出勤。

派班员确认来电显示为规定电话出勤地点后，向出勤司机传达接班交路信息、本班调度命令、行车注意事项及相关行车指示等内容和要求，调试作业时，还应包括调试作业内容及列车停车位置、车体号。

司机记录相关信息，并与派班员通过固定电话复诵确认，同时传达到共同出勤人员。派班员确认司机复诵正确后允许其出勤。出勤完毕后，司机按要求到指定地点接班，与交班司机交接列车状态及行车备品等。

# 技能工作页

## 知 识 巩 固

姓名：_____ 班级：_____ 学号：_____
训练起止时间：_____时_____分至_____时_____分 用时：_____时_____分

### 一、填空题

1. 城市轨道交通列车司机出勤前_____h充分休息，_____h内严禁饮酒。
2. 列车司机出勤上车前，应根据_____核对股道、车号是否一致。
3. 若遇身体不适或其他特殊情况影响驾驶状态时，司机应提前90min向车辆段当值_____及_____说明。
4. 行车注意事项应抄录于_____内。

### 二、选择题

1. 司机在轮乘站出勤时应了解和抄阅有关行车命令、指示和安全注意事项，经（　　）检查确认并盖章后方可上岗。
　　A. 值班站长　　　　　　　　B. 值班调度员
　　C. 副司机　　　　　　　　　D. 派班员
2. 车辆段备班室出勤应至少比接车时间提前（　　）min。
　　A. 10　　　　　　　　　　　B. 20
　　C. 30　　　　　　　　　　　D. 40
3. 司机出勤值乘前应至少休息（　　）h。
　　A. 1　　　　　　　　　　　 B. 2
　　C. 3　　　　　　　　　　　 D. 4
4. 司机出勤时，需要向派班员报告的内容包括（　　）。
　　A. 车次　　　　　　　　　　B. 车号
　　C. 当日轮值任务　　　　　　D. 接车时间

### 三、判断题

1. 司机上班期间严格遵守酒精测试制度，坚决不饮酒，其他时间可以饮酒。（　　）
2. 司机出勤前，如遇特殊情况或身体不适，可以处理完自己的事情后，再向当班队长或派班室汇报。（　　）
3. 司机应严格按照公司规定着装，携驾驶证、上岗证等必需证件。（　　）
4. 出退勤一体机发生故障时，司机可以采用电话出勤的方式进行作业。（　　）

四、简答题

1. 简要说明列车司机在车辆段(停车场)出勤作业的要求。

2. 绘制出车辆段(停车场)出勤作业的流程。

3. 列车司机车辆段(停车场)出勤作业,需要填写哪些资料?

4. 什么是出勤作业?为什么要进行出勤作业?

## 技 能 训 练

姓名：_____ 班级：_____ 学号：_____
训练起止时间：_____时_____分至_____时_____分 用时：_____时_____分

### 车辆段(停车场)出勤作业

在实训基地，按照出勤操作指引执行车辆段(停车场)出勤作业。

1. 设备设施

(1)列车：实训基地演练用车一台。
(2)调度一体机系统一台。
(3)车辆段(停车场)派班室。

2. 参与角色

派班室派班员(1名)，司机(1名)。

3. 作业流程

××××年9月8日，作为××地铁公司3号线路早班司机，出勤作业流程如下。
(1)5:10早班司机提前入场。
(2)5:20早班司机进入派班室登录出退勤一体机，进行酒精测试等作业。
(3)5:28早班司机填写报单、领取备品。
(4)5:35派班员核对信息，并进行签字盖章。
(5)5:40早班司机出勤完成。

4. 请根据所学知识填写任务工单，见表1-5

任务工单    表1-5

| 序号 | 模块 | 作业内容 |
|---|---|---|
| 1 | 仪容仪表 | |
| 2 | 一体机出勤 | |
| 3 | 填写报单 | |
| 4 | 领取备品、时刻表 | |
| 5 | 核对信息 | |
| 6 | 核对备品、开行信息 | |
| 7 | 派班员/队长审核 | |

# 评 价 反 馈

## 一、自我评价

根据本任务的学习情况,请在已完成的知识点和技能点前的方框内打"√"。

☐掌握车辆段(停车场)司机出勤作业的流程。

☐了解车辆段(停车场)司机出勤作业的注意事项。

☐掌握司机不可出勤作业的几种情况。

☐掌握轮乘站司机出勤作业的流程。

☐了解轮乘站司机出勤作业的注意事项。

☐工作页已完成并提交。

☐工作页未完成,未完成的原因:＿＿＿＿＿＿＿＿＿＿＿＿＿＿＿＿＿＿＿＿＿＿＿。

## 二、教师评价

1. 作业习题

☐已完成并提交。

☐未完成,未完成的原因:＿＿＿＿＿＿＿＿＿＿＿＿＿＿＿＿＿＿＿＿＿＿＿＿＿＿。

2. 工作页

☐已完成,质量较好。

☐已完成,质量一般。

☐未完成,未完成的原因:＿＿＿＿＿＿＿＿＿＿＿＿＿＿＿＿＿＿＿＿＿＿＿＿＿。

3. 7S[1]评价

☐工具、学习资料摆放整齐。

☐环境整齐、干净。

---

[1] 7S是指整理、整顿、清扫、清洁、素养、安全和速度/节约。

## 任务二　司机退勤作业

### 🔷 任务引导

列车司机的日常工作包括出勤、接发车、途中作业、终点折返、入段作业和退勤等多个环节，退勤作业是其中的一个重要环节，包括将列车停放在指定位置，关闭列车空调、照明等负载，施加停放制动，报告当班期间发生的事件或故障，按照要求提交信息记录，归还行车备品，办理移交手续并确认下次出勤时间及地点。这一系列的操作确保了司机当班工作安全、有序地结束，同时为下一班司机的交接做好充分的准备。

5月22日22：30，某市地铁1号线司机王××担任3班交路，在图书馆车辆段派班室准备进行退勤作业。假如你是这名司机，该如何正确地完成退勤作业？城市轨道交通列车司机退勤作业如图1-5所示。

图1-5　城市轨道交通列车司机退勤作业

### 🔷 课前思考

1. 车辆段(停车场)司机退勤作业的流程是什么？
2. 车辆段(停车场)司机退勤和轮乘站司机退勤有何不同？
3. 哪些情况下司机不得办理退勤手续？

### 🔷 理论储备

#### 一、车辆段(停车场)司机退勤作业

**1. 车辆段(停车场)司机退勤作业的定义**

城市轨道交通列车司机车辆段(停车场)的退勤是指司机在完成运营工作任务后，将列车驶回车辆段(停车场)停车库，离开驾驶岗位到规定的地点办理规定手续的程序。

## 2. 车辆段(停车场)司机退勤作业流程

1)退勤时间及地点

(1)时间:收车后30min内。

(2)地点:××车辆段/××停车场派班室。

司机退勤流程

2)退勤流程

(1)司机将列车在指定股道停稳后使用车载电台通知车场值班员。接着司机根据信号楼的通知,按收车原则进行处理,包括施加停放制动、分高速断路器、关负载(客室空调、照明)、关主控钥匙等操作,并带好行车备品,关好司机室侧门下车。

(2)收车完毕后,司机应立即到派班室,将列车状态记录卡、运营时刻表、主控钥匙、方孔钥匙、800MHz电台、400MHz电台等行车备品交给当值派班员/队长,当值派班员/队长确认行车备品齐全、状态良好。

(3)当列车状态记录卡中未记录故障信息时,当值派班员/队长在收车完毕后统一交予车场调度员;当有故障信息时,司机应及时告知当值派班员/队长,当值派班员/队长确认后应及时交予车场调度员。

(4)司机将下一班次、出勤时间、出勤地点写于司机日志上,与司机报单一起交给当值派班员/队长,当值派班员/队长确认无误后,在司机报单、司机日志上盖章确认。

(5)当值派班员/队长应逐个对退勤司机确认是否需要填写行车事故/事件报告单,见表1-6。

行车事故/事件报告单  表1-6

| 事故(事件) | □下线 □救援 □清客 其他 | | 填写日期 | |
|---|---|---|---|---|
| 车次 | | 发生时间 | 司机姓名(工号) | |
| | | | 监控司机姓名(工号) | |
| 车体号 | | 发生地点 | 当值队长(工号) | |
| 概况及处理情况: | | | | |

(6)司机登录出退勤一体机办理退勤。

(7)司机按照当值派班员要求进行下一项工作或入住司机公寓候班。

列车司机车辆段退勤作业流程如图1-6所示。

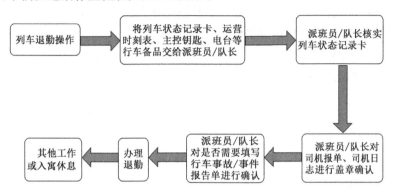

图1-6 列车司机车辆段退勤作业流程

3)退勤注意事项

(1)如有异常事故、事件等,须在行车事故/事件报告单上如实记录,并交当值司机队长审核签字后,方可办理退勤流程,派班员负责汇总至中心生产日报中。

(2)退勤时,务必仔细检查行车备品,确保齐全且功能正常。行车备品主要包括主控钥匙、方孔钥匙、运营时刻表、800MHz电台、400MHz电台等。在交还给派班员之前,如发现设备异常(如电台电量不足、通话异常等),应及时告知派班员以便尽早解决问题,确保下一班次的顺利进行。

(3)退勤时,司机有责任向派班员核对下一交路的出勤时间和地点,确保能够按时出勤。特别是对于有替班任务的人员,需要提前与派班员进行沟通和报备,以便做好人员调配和安排。在了解下一班次的出勤信息后,司机还应合理安排休息时间,确保下次出勤精力充沛,保障列车运营安全。

## 二、轮乘站司机退勤作业

### 1. 轮乘站司机退勤作业的定义

城市轨道交通列车司机轮乘站的退勤是指司机在完成本班运营工作任务后,将列车交给其他接班司机继续运营,离开驾驶岗位到规定的地点办理规定手续的程序。

### 2. 轮乘站司机退勤作业流程

1)退勤时间及地点

(1)时间:正线值乘交路交班后30min内;两端备车交接班后便乘就近车次返回派班室退勤。

(2)地点:××号线××站派班室。

2)退勤流程

(1)交接班完毕后,司机返回××号线××站派班室。

（2）司机将主控钥匙、方孔钥匙、800MHz电台等行车备品交给当值派班员/队长，当值派班员/队长确认行车备品齐全、状态良好。

（3）司机将下一班次、出勤时间、出勤地点写于司机日志上，当值派班员/队长确认无误后，在司机报单、司机日志、行车事故/事件报告单上盖章确认。

（4）司机登录出退勤一体机办理退勤。

（5）司机按照当值派班员要求进行下一项工作或入住司机公寓候班。

列车司机轮乘站退勤作业流程如图1-7所示。

图1-7　列车司机轮乘站退勤作业流程

3）退勤注意事项

（1）没有接班司机接车时，不能进行退勤作业。

（2）接班司机没有复诵交班内容时，不能进行退勤作业。

（3）退勤时，要把本班运行情况交接清楚，否则不能进行退勤作业。

### 三、电话退勤

在特殊情况下，司机可能需要进行电话退勤。此时，司机须向正线/车场派班员说明情况，并在确认该司机值乘的列车已有司机到位接班，且无法返回正线或车场派班室时，方可批准电话退勤。

在交班作业完毕后，司机需到换乘室通过座机电话向正线或车场派班室退勤，并汇报本班值乘情况。

接着，司机将行车备品、行车事故/事件报告单（如需填写）及司机报单交予正线轮值审核通过后，由轮值上交至正线/车场派班员处，退勤时间和派班员签名/盖章由正线轮值代替。

在调试、演练期间，如需在中间站退勤，司机应通过车控室电话向车场派班室退勤，并汇报本班调试、演练情况，将相关文件交由本班司机上交至车场派班员处。

最后，司机在与正线/车场派班员确认清楚下一个班次出勤地点、时间及车次后，方可正式退勤。

### 四、司机不可退勤的情况

（1）不在规定退勤地点。

（2）设备备品不清楚。

（3）接班司机未到岗。

（4）发生车辆故障或行车事件未交接清楚。

（5）不具备退勤作业的其他情况。

## 典型案例

**广州地铁"85后"女司机：优秀党代表，行车超40万km零事故**

2006年，李方方从郑州铁路职业技术学院毕业，来到广州成为一名地铁司机。地铁司机岗位要求高、工作艰苦，作息不规律是常态。从业人员不仅要达到身高、视力等基本要求，更要有极强的心理素质和协调能力，适应长期隧道工作环境，同时能迅速应对处理列车行驶中的各种故障险情，这些难题都被李方方一一克服。

在近一年的半军事化培训中，李方方熟记司机手册、事规、行规、应急预案等600多页教材，并做到了规范操作，顺利独立上岗。进站、对标、停车、开门、关门、确认……作为地铁司机，每天的工作就是不断地重复这些动作和指令，所有动作指令和应急反应必须全部精确到"秒"。司机驾驶列车穿梭在昏暗的隧道中，没有四季，没有昼夜，必须时时刻刻瞪大眼睛盯着前方的路况。

对于一般人来说，面对这么枯燥的工作很容易走神、疲惫，但地铁在行驶过程中，尤其是在隧道行驶中，可能出现的内外部安全风险点多达300多种，这对地铁司机提出了非常高的要求。李方方比常人更能耐得住寂寞，也更加敏锐、冷静、细腻和周全，她时刻保持精神专注、冷静沉着，熟练掌握上千种故障处理技术，让安全规范操作成了"肌肉记忆"。这是李方方一直保持安全行车的成功密码。

16年来，李方方"零事故""零风险"安全行车超40万km，相当于绕行地球10圈。"人民安全是我们的第一职责。我们要确保每一次行驶安全、开关门安全（图1-8），防止车门夹人夹物、列车冲突，把乘客安全运送到目的地。"李方方说。

图1-8 车门作业

# 技能工作页

## 知 识 巩 固

姓名:＿＿＿＿＿＿＿＿ 班级:＿＿＿＿＿＿＿＿ 学号:＿＿＿＿＿＿＿＿
训练起止时间:＿＿＿时＿＿＿分至＿＿＿时＿＿＿分 用时:＿＿＿时＿＿＿分

### 一、填空题

1. 司机退勤时,应将值乘中的＿＿＿＿、运行情况等事宜汇报清楚。
2. 司机退勤时,将下一班次、出勤时间、出勤地点写于司机日志上,与＿＿＿＿一起交于当值派班员/队长,当值派班员/队长确认无误后,在司机日志、＿＿＿＿上盖章确认。
3. 夜班司机退勤后应及时到公寓值班员处签到入住,退勤后在＿＿＿＿min内熄灯休息,严禁闲聊天。
4. 列车司机班前充分＿＿＿＿,出勤时做好＿＿＿＿,退勤时做好＿＿＿＿。

### 二、选择题

1. 司机在场段退勤时应填写司机报单,在2min以内填写行车事故/事件报告单,由(　　)审核并签字确认。
   A. 派班员　　　　　　　　　　B. 车队长
   C. 司机　　　　　　　　　　　D. 盯控
2. 司机在(　　)备班室退勤时须归还行车备品及工器具。
   A. 车辆段　　　　　　　　　　B. 轮乘站
   C. 终点站　　　　　　　　　　D. 以上均有
3. 若当日行车有异常情况时,司机在退勤时须进行汇报,必要时填写(　　)配合事故调查工作。
   A. 行车事故/事件报告单　　　　B. 司机报单
   C. 司机手账　　　　　　　　　D. 列车状态记录单
4. 司机退勤时应在司机手账上填写(　　)并交由派班员检查。
   A. 行车注意事项　　　　　　　B. 列车状态
   C. 行车事故　　　　　　　　　D. 下一次值乘任务

### 三、判断题

1. 司机在轮乘站交接班完毕后,到场段派班室办理退勤。　　　　　　　　　　(　　)
2. 司机在场段退勤时应填写司机报单,在2min以内填写行车事故/事件报告单,由派班员审核并签字确认。　　　　　　　　　　　　　　　　　　　　　　　　　　　(　　)

3. 司机在场段退勤时应填写司机报单,发生事件晚点 2min 及以上时应填写行车事故/事件报告单。（　　）

4. 司机退勤时,应向列车调度员汇报本次列车安全及运行情况,对监控装置检索分析的问题及超劳、运缓等情况做出说明,交回列车时刻表、司机报单和司机手册后,办理退勤手续。（　　）

## 四、简答题

1. 简要说明列车司机在车辆段(停车场)退勤作业的要求。

2. 绘制出列车司机在车辆段(停车场)退勤作业的流程。

3. 列车司机在车辆段(停车场)退勤作业时,需要填写哪些资料?

4. 退勤作业有哪几种形式?

# 技 能 训 练

姓名：_____ 班级：_____ 学号：_____
训练起止时间：____时____分至____时____分 用时：____时____分

### 车辆段(停车场)司机退勤作业

司机在实训基地按照退勤操作指引执行车辆段(停车场)司机退勤作业。

1. 设备设施

(1)列车:实训基地演练用车一台。
(2)调度一体机系统一台。
(3)车辆段(停车场)派班室。

2. 参与角色

派班室派班员1名,司机1名。

3. 作业流程

(1)10:30司机按照要求驾驶列车入场(库)。
(2)10:32司机对列车进行停车操作。
(3)10:35司机回派班室归还备品、表单。
(4)10:40派班员核对备品和表单信息。
(5)10:42司机登录出退勤一体机完成退勤作业。

4. 请根据所学知识填写任务工单,见表1-7

任务工单　　　　　　　　　　　　　　　　　　表1-7

| 序号 | 模块 | 作业内容 |
|---|---|---|
| 1 | 入场(库)停车 | |
| 2 | 停车操作 | |
| 3 | 派班室归还表单 | |
| 4 | 归还备品、报单、日志 | |
| 5 | 核对备品、表单 | |
| 6 | 出退勤一体机 | |

# 评 价 反 馈

## 一、自我评价

根据本任务的学习情况,请在已完成的知识点和技能点前的方框内打"√"。

☐掌握车辆段(停车场)退勤作业流程。
☐了解车辆段(停车场)退勤作业注意事项。
☐掌握不可退勤作业的几种情况。
☐掌握轮乘站退勤作业流程。
☐了解轮乘站退勤作业注意事项。
☐工作页已完成并提交。
☐工作页未完成,未完成的原因:＿＿＿＿＿＿＿＿＿＿＿＿＿＿＿＿＿＿＿＿。

## 二、教师评价

1. 作业习题

☐已完成并提交。
☐未完成,未完成的原因:＿＿＿＿＿＿＿＿＿＿＿＿＿＿＿＿＿＿＿＿。

2. 工作页

☐已完成,质量较好。
☐已完成,质量一般。
☐未完成,未完成的原因:＿＿＿＿＿＿＿＿＿＿＿＿＿＿＿＿＿＿＿＿。

3. 7S 评价

☐工具、学习资料摆放整齐。
☐环境整齐、干净。

## 任务三 列车整备作业

### 任务引导

整备作业是列车司机在出勤后按技术规定和操作规范对即将投入运营的城市轨道交通列车部件、性能进行各种检测、试验以满足城市轨道交通列车良好的运用状态,保证城市轨道交通列车运行安全的重要环节。列车司机应掌握城市轨道交通列车整备作业流程,按作业标准对列车进行检查与试验,确保城市轨道交通列车性能达到运用技术状态。

城市轨道交通列车整备作业关系运营列车的安全运行,关系乘客和司机的生命、财产安全,整备作业要对整个列车进行车内、车外全面的检查,要采用静态和动态试验对列车性能进行全方位的测试,以确保列车正线运营安全。作为列车司机,整备作业要怎么开始呢?在作业过程中,又有哪些注意事项呢?城市轨道交通列车整备作业如图1-9所示。

图1-9 城市轨道交通列车整备作业

### 课前思考

1. 整备作业必须严格执行的"三禁止""五确认"是什么?
2. 在整备作业过程中,列车司机的走行线路是什么?
3. 在列车整备作业时检查方法有哪些?
4. 在进行列车静态检查前,应先确认哪些事项?
5. 带司机室的拖车(Tc车)、有受电弓的动车(Mp车)、无受电弓的动车(M车)的车下电气设备设置有哪些不同?

## 理论储备

整备作业

### 一、送电前检查

**1. 列车送电前的整备作业试验项目及要求**

列车司机到达相应股道后,首先核对状态卡上车号、停放位置与现场是否一致,确认地沟及车辆两侧无人作业,车钩处无双面方位灯,进司机室确认无禁动牌,合蓄电池,检查蓄电池电压是否正常(电压应大于84V),用车载台呼叫信号楼值班员:"信号楼,×车×道×端开始整备作业",同时测试车载台性能。

列车送电前(静态)检查主要包括车体外观、走行部、司机室及客室检查。作业前应确认列车前方及两侧、地沟、车底无人,无障碍物侵入限界,受电弓已降下。如果列车在升弓状态,应先确认人员处于安全位置后,降下受电弓,再确认地沟及列车两侧无人、无障碍物侵入限界。

**2. 列车送电前的整备作业顺序**

列车送电前(静态)检查时,司机走行方式主要分为两种:一种为两次检查客室;另一种为单次检查客室。下面以某城市轨道4动2拖6辆编组B型车两次检查客室的走行方式为例。

检查顺序:①非出库端司机室检查;②车体、走行部检查;③非出库端司机室检查;④客室检查;⑤出库端司机室检查。列车送电前检查作业走行路径如图1-10所示。

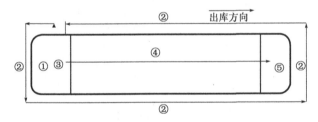

图1-10 列车送电前检查作业走行路径

(1)检查非出库端司机室。

(2)检查非出库端车钩及车头、检查列车左侧走行部、检查出库端车钩及车头、检查列车右侧走行部。

(3)进入非出库端司机室。

(4)检查车内灭火器、贯通道等设备设施。

(5)检查出库端司机室。

**3. 列车送电前的整备作业内容及标准**

带司机室的拖车——$T_c$,带受电弓动车——$M_p$,不带受电弓动车——$M$,例如$T_{c_1}$代表带司机室的拖车1,以出场(段)方向为1号车。列车送电前的整备作业内容及标准见表1-8。

列车送电前的整备作业内容及标准　　　　　　　　表1-8

| 序号 | 到达位置 | 确认内容 | 检查标准 |
|---|---|---|---|
| 1 | 规定股道 | 列车股道、车号 | 手指口呼："×道×端,股道正确、车号正确" |
| 2 | 非出库端司机室 | 红闪灯、禁动牌,汇报信号楼调度员开始整备 | 无红闪灯,无禁动牌,汇报信号楼调度员："×道×端××次××车开始整备作业",信号楼调度员复诵 |
| 3 | 非出库端端部 | 列车两侧、地沟 | 列车两侧及地沟无人、无异物侵入限界 |
| 4 | | 全自动车钩 | 全自动车钩在对中位,外观良好,内部无异物,阀门位置正确 |
| 5 | 左侧走行部 | 左侧走行部 $Tc_2$ 车 | 司机室侧门门好、锁孔位置正确,总风缸截断塞门在开通位,解钩截断塞门在开通位,门好,锁孔位置正确,转向架下无异物,停放制动缓解拉手及扣件位置正确,轮缘润滑油箱外观良好,网关阀外观良好,接线无松脱,风源模块隔离塞门在开通位,紧急解锁位置正确(6车与5车连接处) |
| | | 左侧走行部 $Mp_2$ 车 | 门好、锁孔位置正确,总风缸截断塞门在开通位,转向架下无异物,停放制动缓解拉手及扣件位置正确,智能阀外观良好,接线无松脱,紧急解锁位置正确,升弓缸阀门位置正确,转向架下无异物,停放制动缓解拉手及扣件位置正确,总风缸截断塞门在开通位,轨面无异物(5车与4车连接处) |
| | | 左侧走行部 $M_2$ 车 | 门好、锁孔位置正确,总风缸截断塞门在开通位,转向架下无异物,停放制动缓解拉手及扣件位置正确,智能阀外观良好,接线无松脱,紧急解锁位置正确,轨面无异物(4车与3车连接处) |
| | | 左侧走行部 $M_1$ 车 | 门好、锁孔位置正确,转向架下无异物,停放制动缓解拉手及扣件位置正确,网关阀外观良好,接线无松脱,全功能气路板阀门位置正确,紧急解锁位置正确,轨面无异物(3车与2车连接处) |
| | | 左侧走行部 $Mp_1$ 车 | 门好、锁孔位置正确,转向架下无异物,停放制动缓解拉手及扣件位置正确,智能阀外观良好,接线无松脱,全功能气路板阀门位置正确,紧急解锁位置正确,刀开关位置在牵引位,车间电源箱盖锁闭,轨面无异物(3车与2车连接处) |
| | | 左侧走行部 $Tc_1$ 车 | 门好、锁孔位置正确,转向架下无异物,停放制动缓解拉手及扣件位置正确,智能阀外观良好,接线无松脱,全功能气路板阀门位置正确,紧急解锁位置正确,司机室侧门门好、锁孔位置正确 |
| 6 | 到达出库端 | 确认库门开启情况 | 库门开启良好、插销插好 |
| 7 | 出库端司机室 | 确认有无红闪灯、禁动牌 | 无红闪灯,无禁动牌 |

续上表

| 序号 | 到达位置 | 确认内容 | 检查标准 |
|---|---|---|---|
| 8 | 出库端端部 | 列车两侧、地沟 | 列车两侧及地沟无人、无异物侵入限界(确认地沟时必须下阶梯仔细查看) |
| 9 | | 全自动车钩 | 全自动车钩在对中位,外观良好,内部无异物,阀门位置正确 |
| 10 | 左侧走行部 | 左侧走行部 $Tc_1$ 车 | 内容同右侧走行部 $Tc_2$ 车 |
| | | 左侧走行部 $Mp_1$ 车 | 内容同右侧走行部 $Mp_2$ 车 |
| | | 左侧走行部 $M_1$ 车 | 内容同右侧走行部 $M_2$ 车 |
| | | 左侧走行部 $M_2$ 车 | 内容同右侧走行部 $M_1$ 车 |
| | | 左侧走行部 $Mp_2$ 车 | 内容同右侧走行部 $Mp_1$ 车 |
| | | 左侧走行部 $Tc_2$ 车 | 内容同右侧走行部 $Tc_1$ 车 |
| 11 | 非出库端司机室静态检查 | | (1)左侧开关门按钮外观良好,司机室侧门、侧窗开关锁闭良好。<br>(2)面板1外观良好;刮雨器旋钮在OFF位;解构按钮未被按下;旁路激活灯外观良好,紧急制动旁路按钮未被按下;外观良好。<br>(3)面板2外观良好。激活睡眠按钮在"0"位,除霜器在关位。<br>(4)面板3外观良好。<br>(5)面板4外观良好。<br>(6)面板5外观良好;头灯明暗调节旋钮在亮位,客室照明旋钮在开位,受电弓状态指示灯外观良好,电弓控制旋钮在升双弓位,门模式在半自动位,蓄电池电压大于84V,主风缸压力大于 $4\times10^5$ Pa。<br>(7)面板6外观良好;车门允许旋钮在正常位,洗车模式在关位。<br>(8)面板7外观良好;"蘑菇按钮"未拍下。<br>(9)司机室右侧开关门按钮外观良好,侧门、侧窗开关锁闭良好。<br>(10)有灭火器,摄像头外观良好。<br>(11)旁路开关位置正确,设备柜空开位置正确,隔间门开关、锁闭良好 |
| 12 | 客室 | | 客室清洁良好,LED显示屏外观良好、显示正常,左右设备柜盖板、侧墙盖板锁闭良好,动态地图外观良好、显示正常,车门指示灯外观良好、显示灭灯,窗好、门好、锁孔位置正确,紧急呼叫盖板关闭,紧急解锁盖板关闭,广告牌外观良好,LCD外观良好、显示正常,有灭火器,常用制动隔离阀盖板锁闭良好,一位端设备柜锁闭良好,二位端设备柜锁闭良好,贯通道隔板外观良好、灯外观良好,顶部盖板锁闭良好,脚踏装置柜锁闭良好( $Mp_2$ 车二位端右侧设备柜) |
| 13 | 出库端司机室静态检查 | | 同"非出库端司机室静态检查" |

## 二、送电后检查

### 1. 列车送电后的整备作业试验项目及要求

列车送电后,(动态)整备的主要目的是检验各电气设备的动作准确性,能实现正常的牵引、制动和缓解操作;确认指示灯、仪表显示正常;确认紧急按钮等安全设备完好无损、功能正常,确保列车状态良好地投入运营。

2. 列车送电后的整备作业内容及标准

检查操作仪表、开关、指示灯、风压、按钮时需手指口呼。列车送电后的整备作业内容及标准见表1-9。

列车送电后的整备作业内容及标准　　　　　表1-9

| 序号 | 到达位置 | 确认内容 | 检查标准 |
| --- | --- | --- | --- |
| 1 | 出库端司机室动态试验 | 激活司机室 | 激活主控钥匙,方向手柄向前,主控手柄置于快速制动位,确认紧急制动级解 |
| | | 闭合高速断路器 | 闭合高速断路器,确认高速断路器闭合绿灯亮,DDU屏上显示高速断路器闭合 |
| | | 信号屏 | 确认信号屏各模块显示正常 |
| | | 车辆屏 | 确认车辆屏各界面状态显示均正常 |
| | | 列车自检 | 如需进行自检:在DDU屏上点击"维护",进入维护界面后,点击"自检测试",查看牵引、制动、辅助系统的自检结果 |
| | | 多功能广播盒 | 按F1键切换为半自动广播—按↓键—按1键—按E2键确认进行播放,司机监听客室是否有广播响起,测试人工广播是否有效、声音是否清晰 |
| | | 司机室阅读灯 | 将旋钮打至开位,确认阅读灯亮 |
| | | 刮雨器 | 按下刮雨器旋钮手柄,刮雨器喷水正常。操作刮雨器四挡位旋钮分别至SP1(每分钟擦15~30来回)、SP2(每分钟擦30~45来回)、WM(刮雨器刮臂在垂直位置)、OFF(刮雨器刮臂在水平位置)位,确认刮雨器工作正常 |
| | | 警惕测试 | 手柄至常制区,松开警惕按钮,长按警惕测试按钮3s,确认紧急制动施加,按正常程序级解紧急制动 |
| | | 灯测试 | 按压灯测试按钮,确认所有指示灯显示正常 |
| | | 司机室灯 | 将旋钮打至开位,确认司机室照明灯亮 |
| | | RM | 确认RM模式旋钮外观良好 |
| | | BM | 按压BM按钮,确认DMI显示框,标示BM按钮有效,点击选择"强制BM",再次按进入BM选择框,点击选择"非强制BM" |
| | | 高速断路器断开/闭合 | 先分高速断路器,再合高速断路器,确认主界面高速断路器及指示灯显示正常断开及闭合 |
| | | DDU屏 | 空调界面,出库手动设置通风 |
| | | 停放制动施加 | 确认停放制动"施加"红色指示灯亮,停放制动"缓解"绿色指示灯灭,DDU屏上显示停放制动施加;按压"停放制动施加/缓解"按钮,停放制动"级解"绿色指示灯亮、"施加"红色指示灯灭,列车停放制动缓解 |

续上表

| 序号 | 到达位置 | 确认内容 | 检查标准 |
|---|---|---|---|
| 1 | 出库端司机室动态试验 | 头灯明暗调节 | 将旋钮打至亮/暗位,确认头灯灯光能远近调节 |
| | | 客室照明 | 将旋钮打至开/关位,确认客室照明正常 |
| | | 洗车模式 | 将旋钮打至洗车位,确认DDU屏上显示洗车模式,然后将洗车模式开关恢复至"关"位 |
| | | 紧急牵引 | 将旋钮打至紧急牵引位:DDU屏上显示"紧急牵引模式激活"框。将旋钮打至拖行位:DDU屏上显示"拖行模式激活"框,停放界面显示绿色"P",停放制动"施加"红色指示灯亮。然后将旋钮打至"0"位 |
| | | 开门按钮（侧墙） | 车门允许旋钮打至左/右位(门模式打至手动位),按压左/右开门按钮,车门打开警示声音响起,车门打开后,确认DDU屏上显示车门开启,司机通过侧窗确认车门开启 |
| | | 关门按钮（侧墙） | 按压左/右关门按钮,车门关闭警示声音响起,车门关闭后,确认DDU屏上显示所有车门关好,司机台上的门关好指示灯亮,司机通过侧窗确认车门关闭 |
| | | 开门按钮（司机室） | 同侧墙开门相同 |
| | | 关门按钮（司机室） | 同侧墙关门相同(开关门完毕后,门模式转回半自动位) |
| | | 牵引/制动试验 | (1)动态试验前,打开两侧侧窗探头确认无人、无异物侵限,并大声呼唤"动车了"以警示附近的人员,将DDU屏调至制动界面。<br>(2)确认进路安全,方向手柄置"前"位,主控手柄推向"牵引"区(牵引力不超过20%),列车动车后,确认气制动缓解灯亮,DDU屏上显示气制动能正常缓解,立即将主控手柄拉至"制动"区。<br>(3)主控手柄推向"牵引"区(牵引力不得超过20%),列车动车后,确认气制动缓解灯亮,DDU屏上显示气制动能正常缓解,立即将主控手柄拉至"快速制动"区。<br>(4)列车显示屏无故障显示 |
| 2 | 非出库端司机室动态试验 | | 同出库端司机室动态试验 |
| 3 | 激活司机室,汇报信号楼调度员整备完毕,等待信号出库 | | 司机:"×道×端××次××车整备作业完毕",制动试验良好,防溜措施已撤除,申请×道出库进路。信号楼调度员复诵 |

## 三、整备问题处置

城市轨道交通列车整备作业对于确保城市轨道交通安全、高效运营至关重要,它涉及对城市轨道交通车辆、信号系统、轨道等关键设施的检查、维护和修复,以预防故障和事故的发生。这项工作有助于延长设备寿命并减少更换成本,同时提高城市轨道交通的运行效率和可靠性,保障乘客和工作人员的安全。

在整备作业过程中出现的整备问题直接影响列车的正线运营,列车司机要沉着冷静、快速地做出正确的判断和处置,尽量缩短故障处理时间。

**1. 列车整备作业的问题处置流程**

列车整备作业的问题处置流程如图1-11所示。

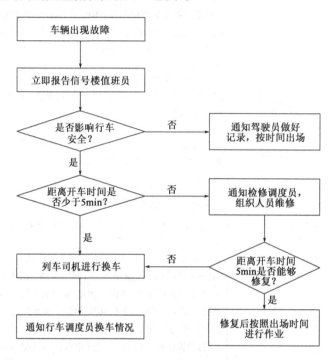

图1-11 列车整备作业的问题处置流程

**2. 列车整备作业的常见问题处置措施**

列车整备作业的常见问题处置措施见表1-10。

列车整备作业的常见问题处置措施　　　　表1-10

| 序号 | 现象 | 故障处理措施 | 风险点 |
|---|---|---|---|
| 1 | 列车无法激活 | (1)查看司机室电气柜中的"电压表"电压是否大于规定值。<br>(2)将激活端司机室电气柜中的"列车激活旋钮开关"打至"合"位,检查电压能否保持,若不能保持,则检查非激活端的"列车激活旋钮开关"是否处于中间位,若没有处于中间位,则恢复至中间位。<br>(3)故障仍不能排除,请立即报告车辆基地调度员 | 列车不能正常上线运营 |

续上表

| 序号 | 现象 | 故障处理措施 | 风险点 |
|---|---|---|---|
| 2 | 司机室不能占用 | (1)对另一单元司机室占用情况进行确认,确保未被占用。<br>(2)对主控钥匙重新进行分合操纵。<br>(3)检查司机室电气柜内的"列车控制"空气开关,如果跳闸,则进行复位;如果复位不成功,则报告车辆基地调度员,换车出库,由检修人员处理 | 列车不能正常上线运营 |
| 3 | 司机操作台开锁后,显示屏不显示 | (1)确认另一单元司机室未被占用。<br>(2)尝试分、合主控钥匙。<br>(3)检查本端司机室电气柜内的"司机显示器"空气开关,如果跳闸,则进行复位;如果复位不成功,则报告车辆基地调度员,换车出库,由检修人员处理 | 显示屏黑屏,司机不能及时了解车辆状态,危害行车安全 |
| 4 | 受电弓无法升起 | (1)检查主风缸压力是否足够(大于规定值$4\times10^5$Pa)。<br>(2)检查两端司机室的紧急按钮是否被按下,若被按下,则恢复。<br>(3)检查司机室电气柜内的"受电弓控制"空气开关是否跳闸。<br>(4)检查两Mp车车底的高压箱3位开关是否处于受电弓位,否则报告车辆基地调度员。<br>(5)检查两个受电弓升弓储风缸压力表压力是否大于规定值。<br>(6)检查两个受电弓转换塞门的手动阀、截断塞门是否在横向正常位,否则应进行恢复。<br>(7)故障仍不能排除,应立即报告车辆基地调度员 | 列车不能正常上线运营 |
| 5 | 一个单元受电弓无发生升起 | (1)检查对应Mp车电气柜的"受电弓切除"旋钮是否在正常位。<br>(2)检查故障受电单元Mp车电气柜内的"受电弓控制"空气开关是否跳闸,若跳闸,应复位。<br>(3)检查受电弓升弓风缸压力是否足够(大于规定值)。<br>(4)检查受电弓转换塞门手动阀、截断塞门是否在横向正常位,否则应进行恢复。<br>(5)故障仍不能排除,应立即报告车辆基地调度员 | 列车不能正常上线运营 |
| 6 | 主断路器闭合灯不亮 | (1)按压试灯按钮,检查主断闭合灯是否点亮,若不亮,则继续运行并报告信号楼调度员。<br>(2)若点亮,则点击车辆显示屏上的"受电引/主断"图标确认是哪个主断存在故障,并到相应车检查。<br>(3)检查Tc车司机室电气柜内的"受电弓控制"空气开关是否跳闸;检查Mp车司机室电气柜内的"逆变器控制单元""高速断路器控制"空气开关是否跳闸;检查M车司机室电气柜内的"逆变器控制单元""高速断路器"空气开关是否跳闸,如果跳闸,应复位;否则,应立即报告车辆基地调度员 | 列车不能正常上线运营 |

续上表

| 序号 | 现象 | 故障处理措施 | 风险点 |
|---|---|---|---|
| 7 | 紧急制动不缓解 | (1)将"信号选择"开关打至"信号切除"位,观察紧急制动是否缓解,如缓解则为信号系统所引起的紧急制动。<br>(2)检查两端司机室的紧急制动按钮是否按下(如果已升弓,则无须确认此项)。<br>(3)检查司机室电气柜内的"列车控制""数据发送和接收端口开关"空气开关是否跳闸,如果跳闸,应复位。<br>(4)检查主风缸压力是否足够(大于规定值)。<br>(5)故障仍不能排除,应立即报告车辆基地调度员 | 列车不能正常上线运营 |
| 8 | 制动其他故障或制动图片不显示 | (1)按压显示屏的制动系统图标,进入运行屏的制动系统菜单,查看具体故障位置。<br>(2)检查相应车电气柜内的"智能阀""网关阀"空气开关是否跳闸,如果跳闸,应复位。<br>(3)若复位后故障仍不能排除,应立即报告车辆基地调度员 | 列车不能正常上线运营 |
| 9 | 辅助逆变器故障 | (1)点击司机显示屏的"辅助逆变器"菜单,了解辅助逆变器的状态。<br>(2)复位司机室电气柜内相应的"辅助逆变器"空气开关。<br>(3)若复位后故障仍不能排除,应立即报告车辆基地调度员 | 列车不能正常上线运营 |
| 10 | 电机图标显示蓝色 | (1)确认受电弓是否升起、主断是否合上、紧急制动是否缓解。<br>(2)牵引自检都满足,自检时间超过1min仍未完成,按司机室电气柜内的"多功能车辆总线复位"(按压前注意断开"主断")。<br>(3)牵引自检仍未完成,重新激活列车,看是否能完成牵引自检,否则应报告车辆基地调度员 | 列车不能正常上线运营 |
| 11 | 牵引命令不显示 | (1)警惕按钮是否已按下。<br>(2)车门是否已关闭。<br>(3)紧急制动是否已缓解。<br>(4)所有停放制动是否已缓解。<br>(5)库用电源盖板是否已关闭 | 列车不能正常上线运营 |

### 四、列车整备作业的检查方法

整备列车时,应做到项目、顺序及动作协调一致,由上至下,由里向外,由左至右,以看、摸、嗅、听、测来检测、判断列车质量。

**1. 目视检查法**

目视检查法适用于检查仪表、显示屏的显示;各部件有无变形、裂纹、折损、丢失、漏泄、堵塞、烧损;工具、备品、消防器材是否完备。

**2. 手触检查法**

手触检查法适用于检查各部温度、振动等。用手掌、手指或手背触及检查部件时应注意避免烫伤。

### 3. 鼻嗅检查法

鼻嗅检查法是根据部件及电器装置发热、烧损时的异味进行判断和检查的方法。

### 4. 耳听检查法

耳听检查法是凭听觉判断各部件有无异常声响的方法。

### 5. 测量检查法

测量检查法是利用检查工具或仪表测量间隙行程的限度尺寸,以及电压、电流、电阻值等的方法。

## 五、列车操作的注意事项

### 1. "三禁止"

(1)禁止未确认禁动牌盲目操作。

(2)禁止触摸带电部件。

(3)禁止横跨地沟、钻车底。

### 2. "五确认"

(1)确认列车两侧和地沟内无人作业,无异物侵入限界。

(2)确认列车两端和司机室内无禁动牌等警示标志。

(3)确认库门打开并固定(库门插销底部插好到位)。

(4)确认接触网送电状态(通过状态指示灯确认)。

(5)确认前方进路无人、无异物侵入限界。

## 六、城市轨道交通列车的编组

### 1. 两节编组

两节编组即列车由两辆车厢组成,适用于客流较小的城市轨道交通线路。例如,大连快轨3号线九里支线采用两节编组的列车运行。

### 2. 四节编组

四节编组即列车由四辆车厢组成,适用于中等客流的城市轨道交通线路。例如,济南城市轨道交通R1线使用的是四节编组的列车。列车采用四节编组形式:$TM_c$-$Mp_1$-$Mp_2$-$TM_c$($TM_c$是有司机室的拖车,$Mp_1$和$Mp_2$是带有受电弓的动车)。

### 3. 六节编组

六节编组即列车由六辆车厢组成,适用于较大客流的城市轨道交通线路。例如,济南城市轨道交通R2线和R3线等均采用六节编组的列车运行。

(1)A-B-C-C-B-A形式。在这种编组形式中,动力车厢A位于两端,紧接着是驱动拖车厢B,然后是两个非驱动拖车厢C。这种编组形式在某些线路上能提供更均匀的驱动力和制动力。

(2)A-B-B-C-C-A形式。与A-B-C-C-B-A形式相似,但这里的两个驱动拖车厢B相邻排列,两个非驱动拖车厢C也相邻排列。这种编组形式在一些线路上可以提供更强的牵引力。

(3) A-B-C-B-C-A形式。在这种编组形式中,动力车厢A位于两端,紧接着是一个驱动拖车厢B,然后是一个非驱动拖车厢C。再接下来是一个驱动拖车厢B和另一个非驱动拖车厢C。

以上列举了一些常见的六节编组城市轨道交通列车形式,在实际运营中,各个城市和城市轨道交通线路可能根据特定的需求和设备制造商的建议进行调整。另外,城市轨道交通列车的编组形式还可能受到车辆类型、制造商、列车长度、载客量等因素的影响。总之,每个城市轨道交通系统都会根据自己的需求选择合适的列车编组形式。

4. 八节编组

八节编组即列车由八辆车厢组成,适用于高客流的城市轨道交通线路。例如,香港城市轨道交通港岛线和观塘线使用八节编组的列车,以满足大量乘客的出行需求。

(1) A-B-B-C-C-B-B-A形式。这种编组形式由两个动力车厢A、四个驱动拖车厢B和两个非驱动拖车厢C组成。动力车厢位于两端,两个驱动拖车厢B和两个非驱动拖车厢C交替排列。

(2) A-B-C-B-C-C-B-A形式。在这种编组形式中,动力车厢A位于列车的两端,分别紧接着是驱动拖车厢B,然后是两个非驱动拖车厢C,最后一个驱动拖车厢B和一个非驱动拖车厢C分别位于中间的位置。

(3) A-B-C-B-C-B-C-A形式。在这种编组形式中,动力车厢A位于两端,紧接着是一个驱动拖车厢B、一个非驱动拖车厢C,依次交替,最后一个非驱动拖车厢C靠近另一端的动力车厢A。

在实际运营中,城市轨道交通列车编组可以根据客流量的变化进行调整,以提高运输效率和满足乘客的出行需求。

## 七、认识司机室操纵台

1. 司机室操纵台部件

司机室操纵台的主要部件有面板、无线电控制盒、广播话筒、文件夹、网络显示屏等,如图1-12所示。

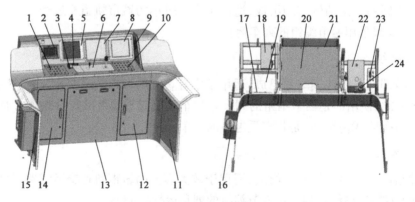

1-左侧面板;2-无线电控制盒;3-广播话筒;4-文件夹;5-网络显示屏;6-司控器;7-信号显示屏DMI;8-CCTV显示屏;9-仪表面板;10-右侧面板;11-右边柜检修门;12-右侧检修门;13-脚踏柜门;14-左侧检修门;15-左边柜检修门;16-灭火器;17-检查卡架;18-广播控制盒;19-工具箱、医药箱;20-脚踏板;21-中间检修门;22-刮雨器水箱;23-刮雨器控制盒;24-刮雨器注水口

图1-12 司机室操纵台部件

## 2. 左侧面板设备布置

左侧面板设备布置如图1-13所示,左侧面板按钮名称、描述和功能见表1-11。

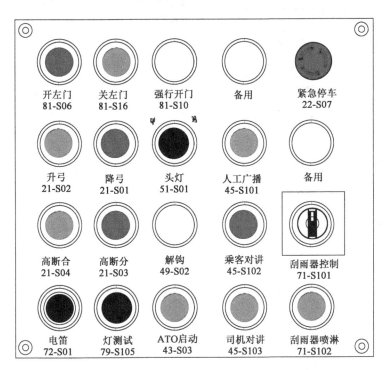

图1-13 左侧面板设备布置

**左侧面板按钮名称、描述和功能** 表1-11

| 按钮名称 | 按钮描述 | 按钮功能 |
| --- | --- | --- |
| 开左门=81-S06 | 红色自复按钮指示灯（加盖） | 当列车停车后允许开左门时,红色指示灯亮,按下开左门按钮打开整列车的左门 |
| 关左门=81-S16 | 绿色自复按钮指示灯 | 按下关左门按钮,列车所有左门关闭,当所有左门关好后,绿色指示灯亮 |
| 强行开门=81-S10 | 二位自锁铅封旋钮 | ATC(列车自动控制系统)未切除,无法给出允许信号,操作此旋钮,可使门允许信号有效 |
| 紧急停车=22-S07 | 红色自锁蘑菇头 | 出现意外情况,需紧急制动列车时拍下,列车以最大减速度制动,直至列车完全停止(高速断路器分) |
| 升弓=21-S02 | 绿色自复按钮指示灯 | 受电弓升的控制及监视 |
| 降弓=21-S01 | 红色自复按钮指示灯 | 受电弓降的控制及监视 |
| 头灯=51-S01 | 二位自锁旋钮 | 控制头灯明暗 |
| 人工广播=45-S101 | 绿色自复按钮 | 见乘客信息系统的章节描述 |
| 高断合=21-S04 | 绿色自复按钮指示灯 | HSCB(高速断路器)合的控制及监视 |
| 高断分=21-S03 | 红色自复按钮指示灯 | HSCB分的控制及监视 |

续上表

| 按钮名称 | 按钮描述 | 按钮功能 |
|---|---|---|
| 解钩=49-S02 | 白色自复按钮指示灯 | 两列车需解钩时(如两列车救援回库后),断开连挂好的两列车,白色按钮指示灯亮表示车钩连挂好 |
| 乘客对讲=45-S102 | 红色自复按钮 | |
| 刮雨器控制=71-S101 | 转换开关 | 刮雨器控制开关,有智能、洗车、自动、停止、慢速、快速六挡 |
| 电笛=72-S01 | 黑色自复按钮 | 电笛控制 |
| 灯测试=79-S105 | 黑色自复按钮 | 开车前测试所在司机室所有指示灯是否正常,若所有指示灯正常,按下灯测试按钮后,所有指示灯亮;否则不正常 |
| ATO启动=43-S03 | 绿色自复按钮指示灯 | 当占有端司机室方向手柄在"向前"位,主控手柄在惰行位时,在发车按钮点亮后,按压ATO启动按钮后为ATO模式 |
| 司机对讲=45-S103 | 绿色自复按钮 | |
| 刮雨器喷淋=71-S102 | 绿色自复按钮 | 按下喷水功能 |

### 3. 右侧面板设备布置

右侧面板设备布置如图1-14所示,右侧面板按钮名称、描述和功能见表1-12。

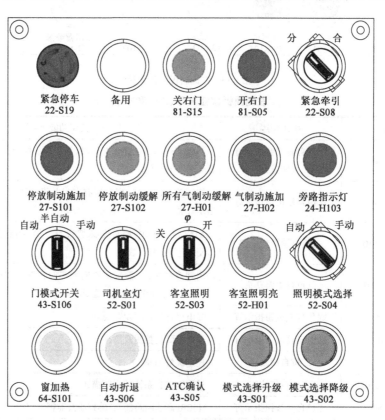

图1-14 右侧面板设备布置

**右侧面板按钮名称、描述和功能** 表1-12

| 按钮名称 | 按钮描述 | 按钮功能 |
|---|---|---|
| 紧急停车=22-S19 | 红色自锁蘑菇头 | 出现意外情况,需紧急制动列车时拍下,列车以最大减速度制动,直至列车完全停止(高速断路器分) |
| 关右门=81-S15 | 绿色自复按钮指示灯 | 按下关右门按钮,列车所有右门关闭,当所有右门关好后,绿色指示灯亮 |
| 开右门=81-S05 | 红色自复按钮指示灯(加盖) | 当列车停车后允许开右门时,红色指示灯亮,按下开右门按钮打开整列车的右门 |
| 紧急牵引=22-S08 | 二位自锁旋钮(加盖) | 两个挡位分别为"分""合"。当需要进入紧急牵引限速模式时,打到"合"位 |
| 停放制动施加=27-S101 | 红色自复指示灯 | 需上停放制动时(库内停车),上停放制动 |
| 停放制动缓解=27-S102 | 绿色自复指示灯 | 停放制动缓解时,绿色指示灯亮 |
| 所有气制动缓解=27-H01 | 绿色指示灯 | 全列车空气制动缓解状态监视 |
| 气制动施加=27-H02 | 红色指示灯 | 全列车空气制动施加状态监视 |
| 旁路指示灯=24-H103 | 红色指示灯 | 指示是否有任意旁路开关(如门零速旁路、门关好旁路、警惕旁路等)动作,用于提示司机此时处于非正常运行状态 |
| 门模式开关=43-S106 | 三位自锁旋钮 | 转换开关门的控制模式(与驾驶模式对应),开关门模式在全自动模式下,自动开关门;在半自动模式下,自动开门,需手动关门;在手动模式下,需手动开关门 |
| 司机室灯=52-S01 | 三位自锁旋钮 | 控制司机室灯开闭 |
| 客室照明=52-S03 | 三位自复旋钮 | 控制客室照明的开闭 |
| 客室照明亮=52-H01 | 绿色指示灯 | 指示客室灯状态 |
| 照明模式选择=52-S04 | 二位自锁旋钮 | 用于选择手动还是自动模式 |
| 窗加热=64-S101 | 黄色自复按钮指示灯 | 当司机室前视窗出现霜雾结冰的情况时,控制车窗加热并指示工作状态 |
| 自动折返=43-S06 | 黄色自复按钮指示灯 | 无人自动折返按钮 |
| ATC确认=43-S05 | 黑色自复位按钮 | 司机确认按钮,用以司机对事件的确认,如自检相关提示的确认,此按钮直接连接到信号系统 |
| 模式选择升级=43-S01<br>模式选择降级=43-S02 | 黑色自复位按钮 | 用于预设模式的设置。司机在停车的状态下,按压驾驶模式升级按钮/降级按钮来切换预设模式,预设模式用于设置车载当前支持的最高驾驶模式。司机通过按压升/降级按钮调整预设模式,并通过确认按钮进行确认 |

## 八、禁止列车出库的情况

在列车整备作业过程中,遇到下列情况时,禁止列车出库。

(1)受电弓及高压电路故障时。

(2)牵引电机故障时。

(3)高速开关故障时。

(4)空压机不能正常工作时。

(5)牵引、制动电路故障影响行车时。

(6)辅助电路故障影响行车时。

(7)各仪表指示灯不显示或显示不正常时。

(8)蓄电池电压过低,列车不能正常启动时。

(9)头灯或尾灯不亮、鸣笛不响时。

(10)雨雪天气刮雨器不能正常工作时。

(11)总风缸漏泄严重时。

(12)三扇以上车门不能打开时。

(13)空气弹簧不能充气时。

(14)联轴器、轴箱、齿轮箱机械损坏或严重漏油时。

(15)转向架有裂纹时。

(16)车钩、电器连接器及缓冲装置有一项不良时。

(17)车体倾斜、变形超限时。

(18)车底吊挂螺栓、插销松脱及机件弯曲变形时。

(19)车轴有裂纹时。

(20)车辆踏面擦伤、剥离超过规定标准时。

(21)列车广播及无线电通信故障时。

(22)ATC车载设备故障时。

(23)车载过渡信号设备故障时。

(24)司机室门故障,不能打开或关闭时。

## 技能工作页

### 知识巩固

姓名：_____ 班级：_____ 学号：_____
训练起止时间：_____时_____分至_____时_____分 用时：_____时_____分

**一、填空题**

1. 在列车整备作业过程中，必须严格执行"三禁止"，禁止_____，禁止_____，禁止_____。
2. 列车整备作业必须严格执行"先静态，后_____"的原则。
3. 列车静态检查主要包括车体外观、_____、_____及客室检查。
4. 非出库端司机室静态检查时，确认蓄电池电压不低于_____，主风缸压力不低于_____。

**二、选择题**

1. （　）扇以上车门打不开时，禁止列车出库。
　　A. 2　　　　　　　　　　　　B. 3
　　C. 4　　　　　　　　　　　　D. 5
2. 以下属于列车动态检查作业的是（　）。
　　A. 确认列车两端无禁动牌　　　B. 检查车钩外观状态良好
　　C. 制动试验　　　　　　　　　D. 以上均有
3. 列车动态牵引试验时，确认进路安全，方向手柄置"前"位，主控手柄推向"牵引"，牵引力不超过（　）。
　　A. 10%　　　　　　　　　　　B. 20%
　　C. 25%　　　　　　　　　　　D. 30%
4. 整备作业分为静态作业和（　）作业。
　　A. 正线　　　　　　　　　　　B. 折返
　　C. 动态　　　　　　　　　　　D. 出库

**三、判断题**

1. 整备作业，按照从上到下、从右到左、从里到外进行检查，严格按照整备作业标准整备列车，避免漏检。（　）
2. 整备作业应遵循"三禁止，五确认"原则，严格按照作业标准整备列车，避免漏检。（　）
3. 整备作业应遵循"先静态，后动态"原则，严格按照作业标准整备列车，避免漏检。（　）

4. 按照列车检查原则和整备作业标准,采用目视、耳听的方式,做好列车整备和试验,确保列车在投入服务前,技术状态良好。（  ）

### 四、简答题

1. 进行列车送电前检查,应先确认哪些事项?

2. 列举5种列车不能出库的情况。

3. 停放制动试验应如何进行?

4. 列车动态牵引试验应如何进行?

# 技 能 训 练

姓名：_____ 班级：_____ 学号：_____

训练起止时间：_____时_____分至_____时_____分 用时：_____时_____分

## 车辆段整备作业

在实训基地按照整备操作指引执行车辆段整备作业。

1. 设备设施

(1)列车：实训基地演练用车一台。

(2)信号楼调度室通信设备。

2. 参与角色

司机1名，信号楼调度员1名。

3. 请根据所学知识，完成表1-13～表1-15

司机室设备检查标准　　　　　　　　　　　　　　　　表1-13

| 序号 | 主要检查项目 | 作业内容 |
|---|---|---|
| 1 | 禁动牌 | |
| 2 | 电器柜 | |
| 3 | 合蓄电池 | |
| 4 | 车载台检查、测试 | |
| 5 | 信号柜 | |
| 6 | 司机室摄像头、空调格栅 | |
| 7 | 左侧开/关门按钮、客室门全关闭指示灯 | |
| 8 | 左侧司机室侧门 | |
| 9 | 司机台左侧指示灯、旋钮/按钮开关 | |
| 10 | 广播控制盒 | |
| 11 | 双针压力表、速度表 | |
| 12 | DDU显示屏、DMI显示屏 | |
| 13 | 主控手柄、警惕按钮、方向手柄 | |

续上表

| 序号 | 主要检查项目 | 作业内容 |
|---|---|---|
| 14 | 主控钥匙插孔 | |
| 15 | 司机台右侧按钮指示灯、紧急制动按钮 | |
| 16 | CCTV监视显示器 | |
| 17 | 右侧司机室侧门 | |
| 18 | 右侧开/关门按钮、客室门全关闭指示灯 | |
| 19 | 前窗玻璃、遮阳帘、刮雨器、前置摄像头 | |
| 20 | 司机座椅 | |
| 21 | 司机室安全防护用品 | |
| 22 | 贯通道门 | |

客室设备检查标准　　　　表1-14

| 序号 | 主要检查内容 | 要求 |
|---|---|---|
| 1 | 列车端部LED显示器 | |
| 2 | 信号柜、设备柜 | |
| 3 | 灭火器 | |
| 4 | 天花板、照明、空调格栅、安防、扶手、立柱、座椅、地板 | |
| 5 | 动态地图、车门、指示灯 | |
| 6 | 紧急解锁 | |
| 7 | 液晶电视 | |
| 8 | 紧急报警器 | |
| 9 | 安全锤 | |
| 10 | B05 | |
| 11 | 贯通道 | |

客室设备检查标准  表1-15

| 序号 | 检查项目 | 操作步骤 |
|---|---|---|
| 1 | 激活列车及司机台 | |
| 2 | 试灯试验 | |
| 3 | 喷淋、刮雨器测试 | |
| 4 | 前照灯测试 | |
| 5 | 电笛、风笛测试 | |
| 6 | 广播控制盒测试 | |
| 7 | CCTV测试 | |
| 8 | 紧急按钮试验 | |
| 9 | 停放制动试验 | |
| 10 | 常用制动及牵引试验 | |
| 11 | 开关门试验 | |

# 评 价 反 馈

## 一、自我评价

根据本任务的学习情况,请在已完成的知识点和技能点前的方框内打"√"。

☐掌握列车整备作业的含义。
☐掌握列车送电前的检查要点。
☐掌握列车送电后的检查要点。
☐掌握列车整备问题处置。
☐掌握整备作业牵引/制动试验步骤。
☐工作页已完成并提交。
☐工作页未完成,未完成的原因:_____。

## 二、教师评价

1. 作业习题

☐已完成并提交。
☐未完成,未完成的原因:_____。

2. 工作页

☐已完成,质量较好。
☐已完成,质量一般。
☐未完成,未完成的原因:_____。

3. 7S评价

☐工具、学习资料摆放整齐。
☐环境整齐、干净。

## 任务四 列车出入车辆基地作业

### 任务引导

城市轨道交通列车出入车辆基地作业是列车除正线运营外必须经历的任务。司机完成列车整备作业后,按照时间点要求,要准时驾驶列车出库,经由车辆基地内部线路运行驶出,进入正线运营。正线运营列车完成当日任务工作,在终点站清客完毕后,司机驾驶列车按运行图规定退出正线服务,司机驾驶列车驶回车辆基地。在出入车辆基地过程中,会经过很多道岔和信号机,也会遇到各种各样的工况,因此,作为列车司机,应严格遵守有关作业规定,做好呼唤应答,确保列车安全运行。

××××年××月××日,作为列车司机,你值乘当日早班2号交路,按作业标准完成列车整备作业后,你应该如何驾驶列车出车辆基地并进入正线,完成列车安全出车辆基地作业?正线作业完毕后,你应该如何驾驶列车入车辆基地,完成列车安全入车辆基地作业?列车出车辆基地作业发车前呼唤应答如图1-15所示。

图1-15 列车出车辆基地作业发车前呼唤应答

### 课前思考

1. 城市轨道交通行车信号可以分为哪几类?
2. 列车出入车辆基地作业的凭证有哪些?
3. 列车司机出入车辆基地作业呼唤应答标准用语是什么?
4. 列车出入车辆基地作业的驾驶模式及限速要求是什么?

理论储备

## 一、非全自动运行条件下的出/入库作业

1. 非全自动运行条件下的出库作业

(1)驾驶模式:CM-C/RM/非限。

(2)行车凭证:车载信号、地面信号、调度命令。

(3)出库前准备。

①整备作业完毕后,列车具备出库条件,司机联系车辆基地控制中心(DCC)调度,司机:"××车呼叫车辆段(停车场)××(调度编号),请回话。"DCC调度:"车辆段(停车场)××有,请回话。"司机:"××道××车列车整备完毕,具备出库条件,请回话。"DCC调度:"××车原地待命,通话完毕。"

②发车前,认真核对发车时刻,如到运行图规定的出库时刻,DCC调度还未开放信号或授权出库命令时,应及时与DCC调度联系,核对列车出库时刻。

③DCC调度联系司机,授权出库,司机确认出库信号机黄灯(有的企业为白灯)后进行复诵。DCC调度:"××道××车请复诵,××道××车,按信号显示以RM(AM/CM)模式运行至转换轨××停车(或××信号机),请回话。"司机:"××道××车,按信号显示以RM(AM/CM)模式运行至转换轨××停车(或××信号机),复诵完毕,请回话。"DCC调度:"正确,通话完毕。"

(4)出库运行。

①列车出库前应确认车库大门开启到位,人员处于安全位置,轨道无侵限、无异常,出库信号开放,手指设施:库门、平交道口、出库信号机。呼唤内容:库门开到位、平交道无异常、出库黄灯(白灯)。

②列车启动前,鸣笛一长声,以RM模式限速5km/h出库,当车头前端与库门外侧墙对应时,列车一度停车。

③再次手指确认平交道及列车前方线路正常,出库信号黄灯(白灯),鸣笛一长声,并启动列车,限速5km/h运行,待车头越过出库信号机后方可提速。

手指设备:出库信号机、前方线路、平交道口情况。

呼唤内容:出库黄灯(白灯),线路状态良好,平交道无异常。

2. 非全自动运行条件下的入库作业

(1)驾驶模式:CM-C/RM/非限。

(2)行车凭证:车载信号、地面信号、调度命令。

(3)入库运行作业。

①列车司机将列车运行至平交道前,在一度停车标前停车。

②确认停车股道正确,库门开启到位,线路平交道无异常,所停股道无人员作业或行走,线路无异物侵限,执行手指呼唤确认制度,进行入库作业。

手指设备:库门、前方线路平交道口情况。

呼唤内容:库门开启到位,线路状态良好,平交道无异常。

③鸣笛,限速15km/h,启动列车入库。

④在库门处一度停车,确认线路、平交道无异常,所停股道无人员作业或行走,线路无异物侵限,执行手指呼唤确认制度进行入库作业。

手指设备:前方线路、平交道口情况。

呼唤内容:线路状态良好,平交道无异常。

⑤在列车入库运行过程中,需认真观察线路情况,注意控制入库速度。

⑥列车距离停车点20m处限速3km/h以下,停于规定位置。

(4)库内停车。

在规定位置停车后,司机联系DCC调度。司机:"××车已在××道A/B轨停稳,请回话。"DCC调度:"××车司机将列车下电关停后,返回派班室,请回话。"司机:"××车司机明白,通话完毕。"

(5)关停列车。

①确认各开关按钮处于正常位置,关闭司机室空调、客室照明。

②施加停放制动。

③断开高速断路器。

④按"降弓"按钮,降下受电弓。

⑤将方向开关和司控器手柄置于"0"位。

⑥关闭主控钥匙,退出激活端,关闭蓄电池。

⑦返回派班室:按DCC调度指示返回派班室时,须携带行车备品进行车厢巡视工作,并经由出库端司机室登乘梯下车。如果在巡查中发现问题,应及时向DCC调度及派班员汇报,在库内行走时应按库内指定的安全线路行走,注意作业安全。

## 二、非全自动运行条件下的出/入车辆段(停车场)作业

**1. 非全自动运行条件下的出车辆段(停车场)作业**

(1)驾驶模式:CM-C/RM/非限。

(2)行车凭证:车载信号、地面信号、调度命令。

(3)出车辆段(停车场)作业。

列车在出场线(入场线)出场时,列车司机应将列车运行至转换轨,并按照要求建立自动运行(ATO)模式。

列车司机将电台调至正线组,联系行车调度员,经行车调度员允许后,按规定对出场信号机开放、进路、速度码进行手指呼唤,确认出场信号正确、道岔位置正确、前方进路正确、速度码有后,方可以ATP模式或ATO模式进入正线。

出场作业

**2. 非全自动运行条件下的入车辆段(停车场)作业**

(1)驾驶模式:CM-C/RM/非限。

(2)行车凭证:车载信号、地面信号、调度命令。

(3)入车辆段(停车场)作业。

①列车入场前,列车司机应确认客室内没有乘客滞留,并汇报行车调度员。列车司机根

据行车调度员命令,按规定要求对出站信号机、前方进路、道岔防护信号机进行手指呼唤,确认信号正确、进路正确后启动列车至入场信号机前停稳。

②将手持电台频段调至车辆段(停车场)频段。

③司机联系DCC调度,申请入库。得到DCC调度授权后,须对DCC调度发布的驾驶模式、列车停车股道进行复诵,按信号机显示,运行司机:"××车呼叫车辆段(停车场)××(调度编号),××车已在转换轨××停稳,请回话。"DCC调度:"××车请复诵,××车按信号显示以RM(AM/CM)模式运行至××道A/B轨停车,请回话。"司机:"××车按信号显示以RM(AM/CM)模式运行至××道A/B轨停车,请回话。"DCC调度:"正确,通话完毕。"

④待信号机开放后,司机确认进车辆段(停车场)信号机绿灯,第一架调车信号机白灯,并执行手指呼唤确认制度。

手指设备:进段信号机、调车信号机。

呼唤内容:进段绿灯、调车白灯。

⑤使用RM(AM/CM)模式驾驶列车,限速25km/h进入车辆段(停车场)。

⑥进入场区后,运行中须严格执行线路瞭望及手指呼唤确认制度,密切注意信号显示及道岔位置。

手指设备:信号机、道岔。

呼唤内容:信号正确,道岔位置正确。

⑦列车运行至平交道口前,一度停车,准备入库作业。

车辆段(停车场)内呼唤应答用语标准见表1-16。

车辆段(停车场)内呼唤应答用语标准　　表1-16

| 呼唤时机 | 呼唤用语 | 备注 |
| --- | --- | --- |
| 库门前 | 一度停车 | 列车必须停车并确认安全后方可动车 |
| 平交道口前 | | |
| 一度停车牌 | | |
| 入库库门前 | 库门好,道口安全 | 确认库门开启位置正确 |
| 列车接近道岔口 | 道岔好 | — |
| | 停车 | 道岔位置不正确时,立即停车 |
| 列车接近调车信号机 | 黄灯好/红灯好 | 列车必须在红灯前停车 |
| | 红灯/蓝灯停车 | |
| 列车经过列车信号机 | 绿灯 | 列车必须在红灯前停车 |
| | 黄灯 | |
| | 红灯 | |
| 列车进入尽头线 | 限速8km/h、5km/h、3km/h,尽头线注意 | 按三车、二车、一车距离控制好速度,准备停车 |

转换轨作业联控用语见表1-17。

转换轨作业联控用语　　　　　　表1-17

| 序号 | 呼叫时机 | 司机 | 行车调度员 | 备注 |
|---|---|---|---|---|
| 1 | 列车在转换轨停车后 | (1)行调,××次××车转换轨一度停车。<br>(2)××次××车凭地面(车载)信号信号显示,按时刻表发车,司机明白 | (1)××次××车在转换轨一度停车,行调明白。<br>(2)××次××车凭地面(车载)信号信号显示,按时刻表发车 | |
| 2 | 确认显示屏收到速度码、ATO/ATPM模式被允许激活、前方信号机开放"绿灯" | (1)有推荐速度。<br>(2)绿灯好 | | 手指口呼 |

## 三、警惕按钮与车辆段(停车场)固定信号显示方式

### 1. 警惕按钮

主控制器手柄(主控手柄)用于控制列车的牵引和制动,也称为牵引制动手柄。主控手柄上设有警惕按钮。

在人工驾驶模式下,无论有没有ATP保护,司机都必须保持持续按压警惕按钮。松开该按钮超过3s,列车就会自动实施紧急制动,如果在松开按钮3s内重新按压警惕按钮,紧急制动则不会实施。

### 2. 车辆段(停车场)固定信号显示方式

车辆段(停车场)固定信号显示方式见表1-18。

车辆段(停车场)固定信号显示方式　　　　　　表1-18

| 序号 | 固定信号类别 | 信号显示方式 | 行车指示含义 |
|---|---|---|---|
| 1 | 出库信号 | 白灯 | 允许越过该架信号机调车 |
| 2 | | 黄灯 | 允许出库至总出车辆段(停车场)信号机外 |
| 3 | | 红灯 | 禁止通过 |
| 4 | 调车信号 | 白灯 | 允许越过该架信号机调车 |
| 5 | | 蓝灯 | 禁止越过 |
| 6 | 出车辆段(停车场)信号 | 黄灯 | 允许出车辆段(停车场) |
| 7 | | 红灯 | 禁止越过 |
| 8 | 入车辆段(停车场)信号 | 黄灯 | 允许入车辆段(停车场) |
| 9 | | 红灯 | 禁止越过 |
| 10 | | 黄灯+红灯 | 引导信号允许越过 |

## 四、全自动运行条件下(DTO模式)的出/入库作业

1. 全自动运行条件下(DTO模式)的出库作业

(1)驾驶模式:FAM模式(全自动运行模式)。

(2)行车凭证:车载信号、地面信号。

(3)列车唤醒方式分为:

①远程自动唤醒,ATS(自动转换开关电器)按计划自动发送唤醒指令。

②远程人工唤醒,DCC人工发送唤醒指令。

③本地人工唤醒,列车进行人工上电。

(4)列车出库:

①司机等待发车:列车自动整备完毕后,司机在出库端司机室等待发车。发车前,司机应认真核对发车时刻,如到运行图规定的出库时刻列车未自动发车时,应及时与DCC调度联系,核对列车出库时刻。

②出库运行:列车出库前应确认车库大门开启到位,人员处于安全位置,轨道无侵线、无异常,出库信号开放,列车按照时刻表按时自动出库。

2. 全自动运行条件下(DTO模式)的入库作业

(1)驾驶模式:FAM模式。

(2)行车凭证:车载信号、地面信号。

(3)入库流程:

①列车运营结束后,从车辆段(停车场)回库运行至平交道口前,确认停车股道正确,库门开启到位,线路、平交道口无异常,所停股道无人员作业或行走,线路无异物侵限,进行入库作业。

②列车在库内自动运行时,注意列车运行速度。

③列车在库内股道停稳后,列车自动进行休眠。

④待列车休眠成功后,司机向DCC调度进行汇报。

⑤司机按DCC调度指示返回派班室时须携带行车备品进行车厢巡视工作,并经由出库端司机室登乘梯下车。司机在巡查中发现问题,应及时向DCC调度及派班员汇报,在库内行走时按库内指定的安全线路行走,注意作业安全。

## 五、全自动运行条件下(DTO模式)的出/入车辆段(停车场)作业

1. 全自动运行条件下(DTO模式)的出车辆段(停车场)作业

(1)驾驶模式:FAM模式。

(2)行车凭证:车载信号、地面信号。

(3)列车出车辆段(停车场)作业:

①列车出库后,自动在车辆段(停车场)运行,司机随时观察前方线路情况,确认线路、道岔状况,遇危及行车和人身安全、异物侵限时应立即采取紧急停车措施。

②列车自动运行至出车辆段(停车场)转换轨信号前对标停车。
③列车到发车时刻自动启动运行至始发站,司机确认信号。

2. 全自动运行条件下(DTO模式)的入车辆段(停车场)作业
(1)驾驶模式:FAM模式。
(2)行车凭证:车载信号、地面信号。
(3)列车入车辆段(停车场)作业:
①列车正线运营结束后,在DTO模式下的列车运行至转换轨,自动触发进路,运行至车辆段(停车场)。
②列车司机在转换轨处将手持电台频段调至车辆段(停车场)频段。
③列车在车辆段(停车场)内行驶时,司机要加强瞭望。

### 六、全自动运行条件下(DTO模式)的洗车作业

1. 洗车作业
(1)驾驶模式:FAM模式。
(2)行车凭证:车载信号、地面信号、洗车信号。

2. 洗车前准备
(1)出库前,司机监护列车进行FAM模式下的整备作业,确保列车具备动车条件,可以进行洗车。
(2)整备完毕后,列车司机应及时联系DCC调度,按照要求出库运行。

3. 洗车操作
(1)司机接到派班员/队长洗车作业的命令后,及时到达相应股道(回场/段列车洗车时凭信号楼指令及车载、地面信号显示前往洗车库进行洗车作业),核对列车停放股道及车体号与调车作业计划一致。
(2)司机确认列车处于安全状态后上车,上车后报信号楼。
(3)凭信号楼动车指令,确认信号开放、库门开启到位、平交道口无人、无异物侵限,列车自动发车,在运行中加强瞭望及监控。
(4)在洗车完毕后,在洗车库内停稳后换端,换端完毕后报信号楼,得到动车指令后,确认信号开放、库门开启到位后,进行回库作业,沿途加强监控。
(5)列车到达相应股道后,司机应及时报信号楼,按其指令执行,下车后返回派班室。

# 技能工作页

## 知识巩固

姓名：_____  班级：_____  学号：_____
训练起止时间：____时____分至____时____分 用时：____时____分

### 一、填空题

1. 非全自动运行条件下的出库作业驾驶模式_____。
2. 非全自动运行条件下的出库作业行车凭证_____、_____、_____。
3. 非全自动运行条件下的出库作业以RM模式限速_____km/h出库。
4. 全自动运行条件下（DTO模式）的入车辆段（停车场）作业，列车司机在转换轨处将手持电台频段调至_____频段。

### 二、选择题

1. DTO为（　　）。
   A. 有人值守的全自动运行　　　　B. 全自动运行系统
   C. 全自动驾驶模式　　　　　　　D. 无人值守的全自动运行
2. 全自动运行线路出场前，司机应与（　　）做好联控。
   A. 站控　　　　　　　　　　　　B. 列控
   C. DCC　　　　　　　　　　　　D. 运营调度
3. 全自动运行线路被唤醒列车主要对（　　）进行综合自检。
   A. 全自动运行场景　　　　　　　B. 全自动运行功能
   C. 人工驾驶功能　　　　　　　　D. 故障功能

### 三、判断题

1. 全自动运行条件下（DTO模式）的出库作业，列车唤醒方式分为三种。（　　）
2. FAM模式下，行车凭证有车载信号和洗车信号两种。（　　）

### 四、简答题

1. 简述列车出库及出车辆段（停车场）作业的标准化流程。

_____
_____
_____
_____

2. 简要说明列车出库及出车辆段(停车场)作业的注意事项。

3. 简述列车入库及回车辆段(停车场)作业的标准化流程。

4. 简要说明列车入库及回车辆段(停车场)作业的注意事项。

5. 简述全自动运行模式下洗车作业的要求及流程。

# 技 能 训 练

姓名:_____ 班级:_____ 学号:_____
训练起止时间:_____时_____分至_____时_____分 用时:_____时_____分

## 转换轨联控作业

1. 设备设施

(1)列车:实训基地演练用车一台。
(2)信号楼调度室通信设备。

2. 参与角色

司机1名,行车调度员1名。
请根据所学知识完成表1-19内容。

转换轨联控作业　　　　　　　　　　　　　　　　　　　　　　表1-19

| 序号 | 呼叫时机 | 主要检查内容 | 作业内容 |
|---|---|---|---|
| 1 | 列车在转换轨停车后 | 司机要求 | |
| | | 行调要求 | |
| 2 | 确认显示屏收到速度码、ATO/ATPM模式被允许激活、前方信号机开放"绿灯" | 司机确认 | |

# 评 价 反 馈

## 一、自我评价

根据本任务的学习情况,请在已完成的知识点和技能点前的方框内打"√"。
□掌握非全自动运行条件下的出/入库作业。
□掌握非全自动运行条件下的出/入车辆段(停车场)作业。
□掌握非全自动运行条件下的洗车作业。
□掌握全自动运行条件下(DTO模式)的出/入库作业。
□掌握全自动运行条件下(DTO模式)的出/入车辆段(停车场)作业。
□工作页已完成并提交。
□工作页未完成,未完成的原因:_____。

## 二、教师评价

1. 作业习题

□已完成并提交。
□未完成,未完成的原因:_____。

2. 工作页

□已完成,质量较好。
□已完成,质量一般。
□未完成,未完成的原因:_____。

3. 7S评价

□工具、学习资料摆放整齐。
□环境整齐、干净。

# 项目二
# 正常情况下的正线列车驾驶作业

## 项目描述

城市轨道交通正常情况下的正线列车驾驶作业直接影响列车的安全、正点和效率。正常运行时,司机须在到达每个站台时准确停车,按照预定的运行时刻表进行时间控制,并执行一系列安全检查,确保乘客安全上下车,同时司机要密切注意信号,并与调度中心进行沟通,确保列车运行安全。正常情况下司机正线列车驾驶作业包括两个方面的内容:一是运行过程中司机呼唤应答;二是正常情况下驾驶作业的标准化,涵盖正线驾驶作业、站台作业、折返作业和交接班作业等方面,标准的作业程序能够有效卡控各作业中的关键环节,为城市轨道交通乘客提供高质量的服务。

## 情境导入

某地铁列车司机李师傅负责从 A 站到 B 站的运行任务。在车站 A 停车后,李师傅按规定等待发车信号灯的指示。突然,发车信号灯由红灯变成了黄灯,几秒钟后又变为绿灯。与此同时,车载显示屏提示前方有临时限速。此时,李师傅需要进行哪些操作?

## 学习目标

**知识目标**

1. 掌握列车正常情况下的驾驶基本流程和驾驶模式。
2. 掌握在不同驾驶模式下的站台作业流程。
3. 掌握非全自动运行和全自动运行条件下区间驾驶模式。
4. 掌握站前折返作业和站后折返作业流程。
5. 掌握司机中间站交接班作业流程。

**能力目标**

1. 具备根据标准化流程进行列车驾驶的能力。
2. 具备独立完成各种驾驶模式下站台作业的能力。
3. 具备完成交接班作业和折返作业的能力。

**素质目标**

1. 培养学生按照标准化作业标准驾驶列车的意识。
2. 培养学生安全驾驶的职业素养。

## 任务一　站台作业

### 任务引导

城市轨道交通系统是现代城市交通的重要组成之一，每天有数百万的乘客通过城市轨道交通站台上下车。站台作为列车和乘客的交会点，不仅承载着繁忙的客流，还需要保障乘客的安全，维持秩序，并确保列车的正常运营。站台作业流程是确保乘客的安全抵达和列车如期发车的关键，特别是在出行高峰时，司机操作不当将导致整个城市轨道运营系统的延误。

在繁忙的城市轨道交通中，司机李师傅正在驾驶一列列车，准备到达E站。列车逐渐减速，随着列车接近车站，李师傅通过车内广播系统提醒乘客："请注意，列车即将到达E站，请做好上下车的准备。"他注意到站台上已经有不少等候的乘客，部分乘客正忙着查看手机。请问：作为城市轨道交通列车司机，李师傅如何保证乘客上下车的安全？

### 课前思考

1. 城市轨道交通列车有多种驾驶模式，在不同驾驶模式下站台作业有何不同？
2. 非全自动运行条件下的站台作业特点是什么？
3. 全自动运行条件下的站台作业特点是什么？
4. 站台作业的基本流程是什么？

### 理论储备

#### 一、非全自动运行条件下的站台作业

1. 非全自动运行条件下的站台作业定义

城市轨道交通非全自动运行条件下的站台作业指的是列车在城市轨道交通车站的站台上停靠时，列车进出站、停车、车门的开启和关闭等相关的操作并非完全由自动化系统控制，而需要驾驶员进行一定程度的人工操作。

2. 非全自动运行条件下的站台作业分类

城市轨道交通站台作业在非全自动运行条件下驾驶模式分类（图2-1，以泰雷兹信号系统驾驶模式为例）如下。

（1）基于车地连续无线通信的自动驾驶模式（CBTC-ATO模式）下的站台作业：使用基于车地连续无线通信的自动驾驶模式（CBTC-ATO模式），列车的进站、停车等操作可以由自动化系统控制。但车门的开启与关闭可以根据运营需求采取不同的模式，包括自动开自动关（AA模

式)、自动开手动关(AM模式)和手动开手动关(MM模式)。CBTC-ATO模式下的站台作业结合了自动化和可选的人工操作,以实现灵活、高效和安全的运营。

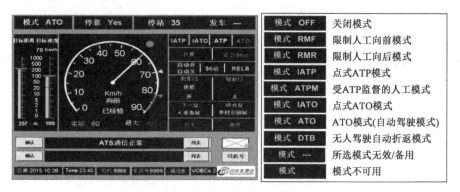

图2-1 泰雷兹信号系统驾驶模式

(2)基于车地连续无线通信的手动驾驶模式(CBTC-ATPM模式)下的站台作业:使用基于车地连续无线通信的手动驾驶模式(CBTC-ATPM模式)时,列车的停车、发车、开门和关门都由司机人工完成。CBTC系统主要作为一个辅助工具,提供关于最佳速度、最高限速和安全距离的实时指导和限制,以及其他实时信息和动态调度支持。这种模式结合了自动化系统的高级信息处理能力与人工司机的实际操作,可以通过技术辅助提高轨道交通的整体安全性和运行效率。虽然开门和关门等站台作业是人工完成的,但系统仍然能通过数据记录和分析,以及与站台和调度中心的信息同步,来支持更为高效和安全的运营。

(3)基于点式车地通信的自动驾驶模式(IATO模式)下的站台作业:使用基于点式车地通信的自动驾驶模式(IATO模式)时,列车主要依靠地面应答器进行定位和速度信息交互。列车只在到达这些设有应答器的特定点或位置时能够更新操作信息,如速度和停车位置。列车依据上一次从应答器接收到的信息给司机做出信息反馈,包括进站和停靠等均为系统自动完成。车门的开启和关闭通常由人工司机手动执行(MM模式),但也可以实现自动开门和自动关门(AA模式)及自动开门手动关门(AM模式)。IATO模式作为基于车地连续无线通信自动控制系统(CBTC)故障的降级选项或老旧城市轨道交通系统改造的过渡方案,在有限的信息更新条件下,能保证一定程度的运营安全性和效率。

(4)基于点式车地通信的手动驾驶模式(IATP模式)下的站台作业:使用基于点式车地通信的手动驾驶模式(IATP模式)时,列车利用地面应答器进行定位和关键操作信息的交互。这些应答器通常位于预设的位置,列车在到达预设位置时才能更新其关键操作信息,例如速度限制和接下来的停车位置。如果列车未到达下一个应答器位置,它会根据上一个应答器提供的信息继续执行,包括进站、停靠和出站的信息都是由司机手动完成,但系统会给出指导信息,例如最高限制速度、推荐速度等。通常,车门的开启和关闭以及其他站台作业活动,如人工广播等,都由司机手动进行。

(5)限制性人工驾驶模式(RM模式)下的站台作业:使用限制性人工驾驶模式(RM模式)时,列车的进站、停车和发车都由人工司机手动完成,最高限速25km/h。车门的开启和关闭由司机手动控制。这种模式通常用于应对系统故障、紧急情况或其他特殊操作需求,目的是在有限制的条件下确保列车的人工运行。

(6)非限制性人工驾驶模式(CUT-OUT模式)下的站台作业:在非限制性人工驾驶模式(CUT-OUT模式)时,列车的进站、停车和发车完全由司机手动完成,不受自动化系统(如ATP或ATO)的任何限制或干预。车门的开启和关闭也完全由司机手动控制。此模式主要用于自动信号系统故障或特殊紧急情况下,完全依赖于司机的经验和判断来确保列车安全。

3. 站台作业规范

(1)接车时,司机站在站台门端门外(防护栏内侧),左手提司机包,右手保持立正姿势,面向轨行区,司机多于1人时,成并排排列。

(2)正常开关门作业时,司机在规定位置立岗,站台门、客室门完全打开后,手指口呼确认。确认完毕后,面向站台,两手自然下垂,眼平视前方,观察乘客上下车情况。立岗时不得背手、在身前交叉、手插进口袋或手搭在物品上,不得有打哈欠或伸懒腰等影响形象的行为,司机大于1人时,保持立正姿势,成并排排列。

(3)站台立岗作业完毕后,司机先进入司机室,学员司机后进入司机室,学员司机关闭、锁好司机室侧门,并进行试拉,司机做好监督。

(4)手动操作站台门开/关时,司机应按照"先开/关站台门,后开/关客室门"的顺序进行操作,待站台门开启/关闭到位后,再操作客室门开启/关闭。

(5)站台DTI(发车时间显示器)显示倒计时18s时,司机关客室门;按压"开/关门"按钮时需保持2s及以上,保证客室门、站台门开/关功能正常;载客车站,客室门和站台门开启时间应大于10s以上。

4. 手指口呼应答规范

司机值乘时必须严格执行手指口呼应答规定,手指/眼看—呼唤—动作。旨在提醒司机,强制对需要确认的项目进行确认,保证电客车运营安全。呼唤语速要正常,两种呼唤在一起时,要停顿半秒,每一步都要做到位。除有明确规定的,司机、学员司机呼唤无先后顺序要求,但声音需清楚洪亮。手指方式为:左手臂端平,左手握拳,掌心向右,食指与中指并拢平伸。指尖需指向确认内容。岛式站台司机在站台作业时可以使用右手手指方式。

在正线时,司机要严格执行正线IATO/IATP、CUT-OUT、RM模式下的手指口呼应答标准,见表2-1和表2-2。

**正线IATO/IATP、CUT-OUT、RM模式下的手指口呼应答标准**　　　表2-1

| 呼唤时机 | | 呼唤用语 | 手指 | 备注 |
| --- | --- | --- | --- | --- |
| 发现危及行车安全时 | | 停车 | — | 立即采取紧急制动停车 |
| 前方信号机状态 | 绿灯 | 绿灯 | √ | 按规定速度要求通过 |
| | 黄灯 | 黄灯、注意限速 | √ | 按限制速度通过 |
| | 红灯 | 红灯停车 | √ | 立即采取紧急制动停车 |
| 电客车接近道岔时 | 位置正确 | 道岔好 | √ | 能清晰确认道岔位置时呼唤 |
| | 位置不正确 | 停车 | — | 道岔位置显示不正确时,立即采取紧急制动停车 |

续上表

| 呼唤时机 | 呼唤用语 | 手指 | 备注 |
|---|---|---|---|
| 电客车接近站台,车头到达最后一个进站预告标时(大约距车站尾端墙100m处) | 进站注意,对标停车(列车越站时呼唤"进站注意") | ✓ | 进站注意(站名标处呼),对标停车(进入尾端墙,手指目标距离条呼) |
| 电客车停稳后,将要进行开门作业时 | 开左/右门 | — | 司机站立,待学员司机到达站台立岗后呼唤,学员司机再呼唤 |
| 确认客室门已开 | 客室门开 | ✓ | 客室门开启后,司机确认车辆屏上所开侧客室门全部打开后呼唤 |
| 确认站台门已开 | 客室门、站台门开 | ✓ | 客室门与站台门非联动时,司机操作PSL盘开站台门,在司机立岗处确认站台门全部开启,手指下45°第一对客室门、站台门后呼唤。客室门与站台门实现联动时,司机确认信号屏上站台门开启,在司机立岗处确认站台门全部开启,手指下45°第一对客室门、站台门后呼唤,学员司机后呼唤 |
| 距离开车时间18s以内或乘客上下车完毕,出站信号机绿灯亮(道岔站道岔位置正确) | 绿/黄灯好(道岔好),关左/右门 | — | 司机观察距离开车时间18s或乘客上下车完毕,出站信号机绿灯亮(道岔站道岔位置正确)后呼唤,学员司机后呼唤,按压关门按钮 |
| 依次确认客室门关好灯亮,站台门全关闭灯绿灯,站台工作人员"好了"信号 | "好了"信号好 | — | 司机确认客室门、站台门关好后,在站台立岗处确认站务工作人员显示的"好了"信号 |
| | 客室门关好、站台门关好,空隙安全 | ✓ | 司机、学员司机在车下确认门关好后,手指客室门与站台门缝隙,口呼"空隙安全" |
| 司机进入司机室(有学员司机时,学员司机后进入司机室) | 司机室侧门锁好 | — | 司机将司机室侧门锁好并进行试拉后呼唤,有学员司机时,由学员司机操作后呼唤,司机做好监督 |
| | 绿/黄灯,道岔好 | ✓ | 司机进入司机室前,手指口呼前方出站信号机为绿灯,表示站台门已全部关闭,在道岔站确认道岔位置正确;学员后呼唤 |
| 电客车折返换端两司机交接时 | 设备正常,安全无事 | — | 交班司机确认车次正确及设备正常后,向接班司机交班 |

**正线ATPM/ATO模式下的手指口呼应答标准**　　表2-2

| 呼唤时机 | | 呼唤用语 | 手指 | 备注 |
|---|---|---|---|---|
| 发现危及行车安全时 | | 停车 | — | 立即采取紧急制动停车 |
| 前方信号机状态 | 灭灯 | — | — | 按规定速度要求通过 |
| | 非灭灯 | 停车 | ✓ | 立即采取紧急制动停车 |
| 列车接近道岔时 | 位置正确 | 道岔好 | ✓ | 正常通过 |
| | 位置不正确 | 停车 | — | 道岔位置显示不正确时,立即采取紧急制动停车 |

续上表

| 呼唤时机 | 呼唤用语 | 手指 | 备注 |
| --- | --- | --- | --- |
| 列车接近站台,车头到达最后一个进站预告标时(大约距车站尾端墙100m处) | 进站注意,对标停车 | ✓ | 进站注意(站名标处呼),对标停车(进入尾端墙,手指目标距离条呼) |
| 列车停稳后,将要进行开门作业时 | 开左/右门 | — | ATPM模式时需两个手指同时按压开门按钮,ATO模式自动开 |
| 确认客室门及站台门已开 | 客室门、站台门开 | ✓ | 司机确认车辆屏、信号屏上所开侧客室门、站台门全部显示在打开位置,在司机立岗处确认客室门、站台门全部开启,手指向下45°第一对客室门、站台门后呼唤 |
| 距离开车时间18s以内且乘客上下车完毕,出站信号机灭灯(道岔站道岔位置正确) | (道岔好),关左/右门 | — | 司机观察距离开车时间18s或乘客上下车完毕,出站信号机灭灯(道岔站道岔位置正确)后呼唤,学员司机后呼唤,按压关门按钮 |
| 依次确认客室门关好灯亮,站台门全关闭灯绿灯,站台工作人员"好了"信号 | "好了"信号好 | — | 司机确认客室门、站台门关好后,在站台立岗处确认站务工作人员显示的"好了"信号 |
| | 客室门关好、站台门关好,空隙安全 | ✓ | 司机、学员司机在车下确认门关好后,手指客室门与站台门缝隙,口呼"空隙安全" |
| | — | — | 试拉司机室侧门 |
| 进入司机室 | 灭灯(道岔好) | ✓ | 司机进入司机室前,手指口呼前方出站信号机灭灯,在道岔站确认道岔位置正确,学员后呼 |
| | 有速度码 | ✓ | 确认信号屏显示推荐速度和紧制速度后,准备动车 |
| 列车折返换端两司机交接时 | 设备正常,安全无事 | — | 确认车次正确及设备正常后交班 |

5. 站台作业概述

(1)列车在车站内对标停稳后,确认空气制动施加灯亮,主控手柄拉至快制位,列车停车位置不超过±300mm。

(2)手动开门时,必须严格执行"一确认(确认开门侧),二呼唤(呼唤'开左/右门'),跨半步(先到站台再跨半步到司机室),再开门(按压开左/右门按钮)"的作业程序,严禁盲目操作造成错开客室门。手动开关门时,严格执行"先跨半步后开门"的标准。客室门、站台门的开关顺序为"开站台门—开客室门—关站台门—关客室门"。

(3)关门时,准确把握关门时机,在关门过程中,司机站在司机室与站台间位置目视、监控客室门、站台门关闭状态和空隙安全情况,如果发现异常,应及时打开站台门、客室门。

(4)IATO模式和IATP模式停车状态时,若前方信号机由关闭状态转为开放状态,动车前按压"区段开放确认"按钮后,IATO模式时,按压ATO模式选择按钮,再按ATO启动按钮动车IATP模式时,推手柄动车。

(5)当车站或行车调度员通知待令时,客室门保持打开状态,司机做好乘客广播服务。

**6. CBTC模式下的站台作业程序**

(1)进站前。司机确认站名标,口呼:"×××站进站注意",待车头进入站台尾端时确认出站信号机显示,左手手指信号屏目标距离条,口呼:"对标停车",加强对站内进路的瞭望,密切留意目标距离条颜色。

CBTC模式下站台作业

(2)停车开门。列车对标停稳后(通过看右侧停车标或左侧小站台处站名标记确认列车对标位置),司机将主控手柄拉至快速制动位,确认空气制动施加灯亮后起身站立,通过站台侧CCTV确认开门侧。ATO模式驾驶时,司机手指确认信号屏显示开门图标、站台门开启图标,车辆屏显示相应侧所有客室门开启,口呼:"开左/右门",打开司机室侧门上小站台。ATPM模式驾驶时,司机手指确认信号屏"门使能"信号及开门侧图标,口呼:"开左/右门"。打开司机室侧门,跨半步(右脚在站台,左脚在车上),转身扭头确认"开门"按钮位置后,用右手食指按压客室门"开门"按钮(按压2s及以上),转正上身留意客室门和站台门的动作,看第一对客室门、站台门开启到位后,探身进司机室确认车辆屏显示相应侧所有客室门开启图标无异常后,上小站台。

(3)上站台。司机上小站台(黄色标记以外)确认PSL盘全开启灯亮,手指向下45°对客室门、站台门,口呼:"客室门、站台门打开",面向站台立岗(按立岗要求执行),监控乘客上下。

(4)关门并确认空隙。司机转头看DTI倒计时(18s及以下),结合乘客上下完毕情况准备关门,侧身转头看左后方确认出站信号机灭灯,道岔位置正确,口呼:"道岔好(有道岔站),关左/右门";跨半步(左脚在车上,右脚在站台),转身扭头确认"关门"按钮位置后,右手食指放置在"关门"按钮处,转正上身眼睛平视空隙后,口呼:"关左门",按压客室门"关门"按钮(按压2s及以上),在客室门、站台门关闭过程中,密切留意客室门与站台间的空隙;待第一对客室门、站台门关闭到位后,确认PSL盘全关闭(绿)灯亮,转身扭头进司机室,确认客室门全关闭灯亮,口呼:"站台门关好,客室门关好",确认车站人员显示"好了"信号,口呼:"'好了'信号好";右手手指确认空隙无夹人夹物,口呼:"空隙安全"。

(5)进司机室。进入司机室,站立在司机座椅旁,确认所有人员上车,适中用力关闭并确认左/右侧司机室侧门锁好;再次确认车辆屏相应侧所有客室门关闭图标显示正常,再次确认司机台门全关闭指示灯亮,手指口呼:"门全关闭灯亮";手指确认前方信号开放、道岔位置正确(有道岔站),口呼:"CBTC灭灯,道岔好(有道岔站)";手指确认信号屏上推荐速度,口呼:"推荐速度××"。

(6)动车。司机坐稳后,ATO模式驾驶时,须将主控手柄回0位,按压ATO模式按钮,确认信号屏发车显示,右手食指和中指同时再按压ATO启动按钮(两个按钮同时按压2s及以上),列车启动。ATPM模式驾驶时,操作主控手柄至牵引位,小牵引动车,做到起动列车平稳,主控手柄逐渐增加牵引。动车后加强进路瞭望,确认广播控制盒显示下一站正确,口呼:"下一站,×××站"。

### 7. 非CBTC模式下的站台作业程序

(1) 进站前。进站前在站名标处，口呼："×××站进站注意"，待车头进入站台尾端时，左手指确认出站信号机显示，口呼："对标停车"，加强对站内进路的瞭望。

(2) 停车。列车对标停稳后（通过看右侧停车标或左侧小站台处站名标记确认列车对标位置），司机将主控手柄拉至快速制动位，确认空气制动施加灯亮后起身站立，通过站台侧CCTV确认开门侧。CUT-OUT模式：门模式开关打至MM位，将左/右门使能打至左/右使能位，口呼："开左/右门"。RM模式：左手手指确认信号屏"门使能"信号及开门方向图标，将左/右门使能打至左/右使能位，手指确认信号屏显示开相应侧客室门门使能信号，口呼："开左/右门"。IATP模式：手指确认信号屏"门使能"信号及开门方向图标，将左/右门使能打至左/右使能位，口呼："开左/右门"。

非CBTC模式（点式模式）下站台作业

(3) 上站台开门。上站台后，将PSL操作盘打至"允许位"，按压PSL操作盘"开门"按钮。待站台门动作打开后，司机跨半步（一脚站台，一脚车上），转身扭头确认开门按钮位置正确后，用右手食指按压客室门"开门"按钮（按压2s及以上），待第一对客室门开启到位，探身进司机室确认车辆屏显示相应侧所有客室门开启。司机上站台后确认PSL盘全开启灯亮，手指向下45°第一对客室门、站台门，口呼："客室门、站台门打开"，面向站台立岗，监控乘客上下。IATO模式/IATP模式与CBTC模式ATO驾驶模式/ATPM驾驶模式上站台开门作业相同。

非CBTC模式（非限制性模式）下站台作业

(4) 关门并确认空隙。转头看DTI倒计时（18s及以下），结合乘客上下完毕情况准备关门，侧身转头确认信号机显示、道岔位置正确，口呼："黄灯/绿灯好，关左/右门"。跨半步（左脚在车上，右脚在站台），先按压PSL操作盘关门按钮，待站台门动作后，转动上身并扭头确认"关门"按钮位置后，右手食指放置在"关门"按钮处，转正上身，眼睛平视空隙后，口呼："关左门"，按压客室门"关门"按钮（按压2s及以上），在客室门、站台门关闭过程中，密切留意客室门与站台间的空隙。待第一对客室门、站台门关闭到位后，确认PSL盘全关闭（绿）灯亮，转到上身扭头进司机台上确认客室门全关闭灯亮，口呼："站台门关好，客室门关好"，确认车站人员显示"好了"信号，口呼："'好了'信号好"。右手手指确认空隙无夹人、夹物，口呼："空隙安全"。IATO模式/IATP模式时，确认信号机显示、道岔位置正确，口呼："黄灯/绿灯好，关左/右门"。其余作业与CBTC模式ATO驾驶模式/ATPM驾驶模式关门并确认空隙作业相同。

非CBTC模式（限制性模式）下站台作业

(5) 进司机室。进入司机室，站立在司机座椅左/右侧，确认监控人员上车，面对客室门站立，适中用力关闭并确认左/右侧司机室侧门关闭锁好。CUT-OUT模式：须将左/右门使能（置OFF位），手指口呼："门使能OFF位"，再次确认车辆屏相应侧所有客室门关闭图标显示正常和司机台客室门全关闭灯亮，手指口呼："门全关闭灯亮"。手指确认信号开放、道岔位置正确（有道岔站），口呼："黄/绿灯、道岔好（有道岔站）"。RM模式和IATP模式：须将左/右门使能（置OFF位），手指口呼："门使能OFF位"，再次确认车辆屏相应侧所有客室门关闭图标显示正常和司机台客室门全关闭灯亮，手指口呼："门全关闭灯亮"。手指确认信号开放、道岔位置正确（有道岔站），口呼："黄/绿灯、道岔好（有道岔站）"。IATO模式：司机再次确认车辆屏相应侧所有客室门关闭图标显示正常和司机台客室门全关闭灯亮,手指口呼:"门全关闭灯亮"。手指确认信号开放、道岔位置正确(有道岔站),口呼:"黄/绿灯,道岔好(有道岔站)",手指确认信号屏上推荐速度,口呼:"推荐速度××"。

(6)动车。司机坐稳后,IATO 模式(按压区段开放确认按钮后)同 CBTC 模式 ATO 驾驶模式动车操作。CUT-OUT 模式、RM 模式和 IATP 模式(按压区段开放确认按钮后)同 CBTC 模式 ATPM 驾驶模式动车操作。

## 二、全自动运行条件(DTO模式)下的站台作业

1. 全自动运行模式的定义及特点

城市轨道交通列车的全自动运行模式是指列车无须司机操作就可以完成其运营任务的自动运行模式。在这种模式下,列车的所有操作,包括启动、行驶、停车、门的开启和关闭,以及其他必要的功能,都由自动化系统控制。

在全自动运行模式下,运营控制中心监控整个运营网络和各个列车的状态。运营控制中心不需要实时手动控制每一辆列车,只需要让列车按照之前预定的时间表和路线自动运行,运营控制中心的主要职责是在出现故障或其他特殊情况时进行干预。

全自动运行模式具有以下优点。

(1)高效率运行:由于列车操作全程自动化,因此可以更精确地控制列车间的时间间隔,提高运输效率。

(2)高安全性:自动化系统能够准确地执行复杂的安全算法,从而降低因人为失误造成的事故风险。

(3)节约成本:由于自动驾驶能够减少司机数量和工作强度,因此能够降低人力成本。

全自动运行模式具有诸多优点,但是,这种模式也有其挑战和局限性,如需要高度复杂和可靠的控制系统,以及在面对突发情况时依然需要人工干预。

2. 全自动运行条件下的站台作业程序

(1)进站前。列车进站自动对标停车时:列车运行至各站站名标处,驾驶司机起身站立,口呼:"××站进站注意"。待车头进入站台尾端时,加强对站内进路瞭望。若发现异常情况影响行车时,司机应及时呼叫行车调度员,要求立即采取远程紧急停车措施,同时立即开启司机台盖板,操作紧急停车按钮。若发现异常情况但不影响行车时,司机应及时将现场情况汇报行车调度员。

列车不停站自动通过时:列车运行至各站站名标处,驾驶司机起身站立,口呼:"××站进站注意"。待车头进入站台尾端时,左手指出站信号机,口呼:"越站通过"。

(2)停车开门。列车自动对标停稳后(通过看停车标),车门自动开启。若列车未自动对标停准且跳跃对标未成功时,司机应及时呼叫行车调度员,申请转人工驾驶模式对标停车。若出现车门、站台门未开启时,司机应及时呼叫行车调度员,要求立即采取远程紧急停车措施,同时立即开启司机台盖板,操作紧急停车按钮。

(3)乘客上下车。司机面向司机室侧窗观察站台 CCTV,监控乘客上下车。

(4)关门。车门、站台门在规定时间自动关闭,司机通过站台 CCTV 确认站台无异常,左手

手指站台CCTV,口呼:"站台安全"。若发现异常情况,应及时用随身800MHz电台呼叫站务人员。

(5)出站前准备。司机手指出站信号机,口呼"灭灯,道岔好(有岔站)"后,监控列车自动发车出站前各状态位置正确。

(6)出站。列车自动发车。若列车超过7s未自动发车时,司机应立即报告行车调度员。若列车启动过程中出现问题,遇影响行车的异常情况时,司机应及时呼叫行车调度员,要求立即采取远程紧急停车措施,同时立即开启司机台盖板,操作紧急停车按钮。严禁臆测行车。出站广播播放后,口呼:"下一站××站",司机返回座椅。

# 技能工作页

## 知 识 巩 固

姓名：_____ 班级：_____ 学号：_____
训练起止时间：_____时_____分至_____时_____分 用时：_____时_____分

### 一、填空题

1. 进站前,当车头进入站台尾端时,司机应手指确认车站头端的_____信号机,并口呼:"_____"。
2. 在非限模式下,停车后司机将主控手柄拉至_____。
3. 在点式ATPM模式下,司机按压客室门"开门"按钮_____s以上。
4. 在RM模式下,司机上站台后,应操作_____设备进行开门。
5. 在关门并确认空隙阶段,司机为确保空隙安全应口呼:"_____"。
6. 当列车进站对标停车时,驾驶司机口呼:"_____"。
7. 在列车启动过程中,遇影响行车的异常情况时,司机应立即开启_____操作紧急停车按钮。

### 二、选择题

1. 在RM模式下,司机上站台后,应操作(　　)设备进行开门。
   A. DTI　　　　　　　　B. PSL操作盘　　　　　　C. CCTV显示屏
2. 在(　　)模式下,司机需要通过看信号屏小绿车图标来确认列车对标停稳。
   A. 点式ATO模式　　　　B. 非限模式　　　　　　C. RM模式
3. 在进行关门操作时,应在(　　)倒计时秒数区间内准备。
   A. 10~12s　　　　　　 B. 15~18s　　　　　　　C. 20~27s
4. 为了确认开门侧,在停车后司机应通过(　　)进行确认。
   A. 站台位置　　　　　　B. PSL操作盘　　　　　　C. 主控手柄
5. 在点式ATO模式下,站台门开启后司机需要确认的图标是(　　)颜色。
   A. 黄色　　　　　　　　B. 绿色　　　　　　　　C. 蓝色
6. 若列车进站但不停站通过,司机需要进行(　　)动作。
   A. 口呼:"越站停车"　　　B. 左手手指出站信号机,口呼:"越站通过"
   C. 立即呼叫行车调度员　　D. 口呼:"站台安全"
7. 若列车超过(　　)未自动发车时,司机需要立即报告行车调度员。
   A. 3s　　　　　　　　　B. 7s
   C. 10s　　　　　　　　 D. 17s

## 三、判断题

1. 在点式ATO模式下,司机需要确认车门和站台门开启后,才能将主控手柄拉至快速制动位。(   )
2. 在上站台后进行开门操作时,司机不需要确认PSL盘"站台门开门"指示灯亮。(   )
3. 在进入司机室后,若司机台上客室门全关闭灯未亮,则说明所有客室门都已关闭。(   )
4. 在非限模式下,司机不需要确认制动施加灯亮。(   )
5. 在RM模式下,司机在站台上需要转身扭头确认开门按钮位置。(   )
6. 如果列车未自动对标停准,司机应立即开启紧急停车按钮。(   )
7. 在出站前,司机需要通过站台CCTV确认站台无异常。(   )
8. 如果列车在启动过程中遇到影响行车的异常情况,司机应该臆测行车继续前行。(   )

## 四、简答题

1. 请简述在进站前,司机需要进行哪些操作。

_____
_____
_____
_____

2. 在点式ATPM模式下,停车和开门流程具体包括哪些步骤?

_____
_____
_____
_____
_____

# 技 能 训 练

姓名：_____ 班级：_____ 学号：_____
训练起止时间：_____时_____分至_____时_____分 用时：_____时_____分

某日，城市轨道交通××站台迎来了早高峰，作为城市轨道交通电客车司机的小李正在以CBTC-ATO模式驾驶列车进站。请根据所学知识，将表2-3操作流程和手指口呼标准补充完整。

**CBTC-ATO模式下的站台作业实操训练** 表2-3

| 序号 | 操作阶段 | 条件 | 操作内容 | 司机动作 | 手指口呼 |
|---|---|---|---|---|---|
| 1 | 进站前 | 列车到达站名标 | 确认站名 | | |
| | | 车头进入站台尾端 | 确认出站信号机显示 | | |
| | | | 加强对站内进路的瞭望，密切留意线路及车辆状态 | | — |
| | 越站通过 | 确认跳停信息 | 确认跳停 | | |
| | | 车头进入站台尾端 | 确认"跳停"图标显示 | | |
| 2 | 停车开门 | ATO模式，门模式在AM位 | 确认门模式和站台图标 | | |
| | | ATO模式，门模式在MM位 | 开门作业 | | |
| 3 | 上站台 | — | 确认"站台门开门"指示灯亮 | | |
| | | | 监控乘客乘降 | | — |
| 4 | 关门并确认空隙 | DTI倒计时显示15～18s | 准备关门 | | |
| | | 按压客室门"关门"按钮（按压2s以上） | 关闭客室门 | | — |
| | | — | 确认所有门状态 | | |
| | | | 确认空隙安全 | | |
| 5 | 进司机室 | — | 确认站台门状态和站台情况 | | — |
| | | | 确认所有人员已上车，锁好司机室侧门 | | |
| | | | 再次确认车辆和信号状态 | | |
| | | | 确认推荐速度 | | |

续上表

| 序号 | 操作阶段 | 条件 | 操作内容 | 司机动作 | 手指口呼 |
| --- | --- | --- | --- | --- | --- |
| 6 | 动车 | 坐稳 | 准备启动 | | — |
| | | ATO模式 | 启动列车 | | — |
| | | | 加强进路瞭望和广播监听 | | |
| | | | 如遇广播播放错误，应立即中止自动广播并人工语音广播 | — | — |

# 评 价 反 馈

## 一、自我评价

根据本任务的学习情况,请在已完成的知识点和技能点前的方框内打"√"。
□了解非全自动运行条件下的站台作业定义。
□掌握非全自动运行条件下的站台作业分类。
□掌握非全自动运行条件下的站台作业基本流程。
□掌握全自动运行条件下的站台作业程序。
□工作页已完成并提交。
□工作页未完成,未完成的原因:_____。

## 二、教师评价

1. 课后习题

□已完成并提交。
□未完成,未完成的原因:_____。

2. 作业工作页

□已完成,质量较好。
□已完成,质量一般。
□未完成,未完成的原因:_____。

3. 7S 评价

□工具、学习资料摆放整齐。
□环境整齐、干净。

## 任务二 区间作业

### 🔆 任务引导

列车区间运行是指列车在车站与车站之间的运行过程,行驶中司机需精确控制列车速度,尽量减少快速加速和减速操作,确保平稳行驶,提升乘客乘车的舒适性。同时,司机须准确瞭望沿途信号,关注轨道状况,在应急情况下采取处理措施,以确保乘客的安全。

在某城市轨道交通系统中,列车司机张师傅正在驾驶一列从J站开往K站的列车。列车当前处于自动驾驶模式(ATO模式),行驶平稳,乘客在车厢内安静地等待到达目的地。在列车行驶至距离K站还有2km的地方,车载系统突然发出警报,显示ATO系统出现故障。列车屏上闪烁着"ATO系统故障,请切换至手动驾驶模式"的提示。请问:张师傅如何才能安全切换到手动驾驶模式?

### 🔆 课前思考

1. 城市轨道交通车辆有多种驾驶模式,在不同驾驶模式下区间作业有何不同?
2. 非全自动运行条件下,如何进行区间驾驶?
3. 全自动运行条件下,如何进行区间驾驶?
4. 区间作业的基本流程是什么?

### 🔆 理论储备

#### 一、非全自动运行条件下的区间驾驶作业

1. 非全自动运行条件下的区间驾驶作业的定义

城市轨道交通非全自动运行条件下的区间驾驶作业,通常指的是列车在车站之间的行驶并不完全依赖自动驾驶系统,而需要由列车司机参与或完全控制的情况。

2. 区间作业的注意事项

司机严格按照行车调度员命令,根据运营时刻表掌握各站停车时间、开车时间、折返时间。动车前必须确认"五要素"并严格执行手指口呼制度。严格执行一次作业标准,运行中严格按照《行车组织规则》及线路限速规定的速度执行,严禁超速驾驶列车。在运行中发现线路异常、轨旁设备侵限时,应及时采取紧急停车措施,并报告行车调度员。

在正常情况下,正线采用移动闭塞法组织行车,司机凭车载信号行车,在车站凭运营时刻表关门,遇地面信号显示异常时,司机应立即停车并报告行车调度员,并按照行车调度员指示执行。正线采用其他行车组织法行车时,必须得到行车调度员命令,确认好相应的行车凭证后方可动车。正线作业行车凭证见表2-4。

正线作业行车凭证　　　　　　　　　　　　　表2-4

| 序号 | 作业项目 | 行车凭证 | 驾驶模式 | 动车条件 | 速度限制 |
|---|---|---|---|---|---|
| 1 | 移动闭塞法（CBTC） | (1)信号机灭灯；(2)车载信号 | ATO | (1)道岔位置正确；(2)客室门、站台门关好；(3)空隙安全 | 设定速度 |
| | | (1)信号机灭灯；(2)车载信号 | ATPM | | 比照推荐速度 |
| | | (1)信号机灭灯；(2)车载信号 | ATB | | 设定速度 |
| | | (1)地面信号开放；(2)行车调度员的RMF动车授权。冲标后若以RMR模式后退，必须得到行车调度员RMR模式动车授权 | RMF/RMR | | (1)RMF模式限速25km/h；(2)RMR模式限速5km/h |
| 2 | 固定闭塞法（具备列车超速防护功能） | (1)地面信号开放；(2)车载信号 | 点式ATO | (1)道岔位置正确；(2)客室门、站台门关好；(3)空隙安全 | 设定速度 |
| | | (1)地面信号开放；(2)车载信号 | 点式ATPM | | 比照推荐速度 |
| | | (1)地面信号开放；(2)行车调度员的RMF动车授权。冲标后若以RMR模式后退，必须得到行车调度员RMR模式动车授权 | RMF/RMR | | (1)RMF模式限速25km/h；(2)RMR模式限速5km/h |
| 3 | 固定闭塞法(不具备列车超速防护功能) | (1)地面信号开放；(2)行车调度员的非限动车授权 | 非限 | (1)道岔位置正确；(2)客室门、站台门关好；(3)空隙安全 | 列车有监控员限速60km/h,无监控员限速45km/h |
| 4 | 电话闭塞法 | (1)行车调度员发布电话闭塞法的命令；(2)路票/电话记录号；(3)车站发车手信号；(4)若列车停在区间时,凭行车调度员命令,动车进站 | 非限 | (1)道岔位置正确；(2)客室门、站台门关；(3)空隙安全 | (1)首列车采用非限模式限速25km/h,后续列车有监控员限速60km/h,无监控员限速45km/h；(2)区间迫停在道岔上,限速5km/h离开道岔区 |

续上表

| 序号 | 作业项目 | 行车凭证 | 驾驶模式 | 动车条件 | 速度限制 |
|---|---|---|---|---|---|
| 5 | 按调车方式办理 | (1)行车调度员通知按调车方式办理命令；(2)地面信号开放；(3)道岔开通手信；(4)车站动车指令 | RMF或非限 | (1)现场人员出清线路；(2)道岔位置正确；(3)空隙安全 | 限速15km/h |
| 6 | 压光带 | (1)行车调度员命令；(2)引导信号或行车调度员授权越灯命令 | RMF或非限 | 道岔位置正确 | 限速45km/h或行车调度员限速命令 |
| 7 | 道岔故障（中间站） | 行车调度员授权越灯命令 | RMF或非限 | 道岔位置正确 | (1)首列通过故障道岔限速25km/h；(2)列车停在故障道岔上时，严禁动车，待现场人员确认道岔安全后，列车限速5km/h缓慢离开岔区 |
| 8 | 列车救援 | (1)行车调度员发布的救援命令；(2)行车调度员授权越灯命令；(3)连挂后凭行车调度员命令及地面信号 | 非限 | (1)道岔位置正确；(2)连挂后试拉成功；(3)连挂后凭行车调度员命令及地面信号 | (1)救援车应距离故障车20m一度停车，以5km/h的速度接近故障车；(2)距离故障车3m处停车，限速3km/h连挂；(3)救援列车以非限模式推进（牵引）时限速30km/h(45km/h)；载客救援限速25km/h；(4)推进或牵引无自身动力电客车进出存车线、折返线，限速15km/h |

### 3. 闭塞法的基本原则

闭塞法在城市轨道交通运输中用于确保列车之间的安全距离，其基本原则如下。

(1)划分闭塞分区：轨道被固定地划分为若干个闭塞段。每个闭塞段只允许有一列列车。

(2)检测列车位置：通过轨道电路或其他技术检测闭塞段内是否有列车存在。

(3)控制信号显示：基于轨道是否被占用的状态，沿线信号设备会显示不同的信号，指示司机是否可以进入下一个闭塞段。例如，如果前方闭塞段被列车占用，信号机会显示红灯，指示司机停车。

### 4. 闭塞法的分类

(1)人工闭塞：包括电话闭塞和电报闭塞、电气路签(牌)闭塞。

①电话闭塞和电报闭塞。人工闭塞(电话闭塞或者电报闭塞)如图2-2所示，区间两端车站值班员用电话或电报办理行车联络手续，由发车站填制路票，发给司机作为列车占用区间凭证的行车闭

行车闭塞定义和分类

电话闭塞法

塞法。目前,城市轨道交通只在基本闭塞设备停用或发生故障时,将电话闭塞作为代用闭塞法使用。

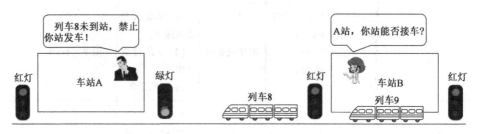

图 2-2 人工闭塞

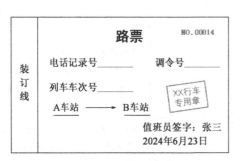

图 2-3 路票

②电气路签(牌)闭塞。以路签或路牌作为列车占用区间凭证的行车闭塞法。区间两端车站装设同一型闭塞机各一台(称为一组),彼此有电气锁闭关系。当一组闭塞机中存放路签(牌)总数为偶数时,经双方协同操作,发车站可取出一枚路签(牌)(图 2-3),递交给司机作为行车凭证。在列车到达前(即路签、路牌未放入闭塞机以前),这一组闭塞机中不能再取出第二枚路签(牌)。电气路签(牌)闭塞的缺点为:办理手续繁琐,向司机递送签(牌)费时费事,签(牌)还有丢失和损坏;区间通过能力低。

(2)半自动闭塞:区间两端车站各装设一台具有相互电气锁闭关系的半自动闭塞机,并以出站信号机开放显示为行车凭证的闭塞方法。此时,在车站进站信号机内侧设有一小段专用轨道电路,它和闭塞机、出站信号机间也具有电气锁闭关系。其特点是:出站信号机不能任意开放,它受闭塞机控制,只有区间空闲时,双方办理闭塞手续后(双线半自动闭塞为前次列车的到达复原信号)才能开放。列车出发离开车站时,出站信号机自动关闭,并使双方闭塞机处于"区间闭塞"状态,直到列车到达接车站办理到达复原时止。半自动闭塞法办理手续简便,效率高,比路签(牌)闭塞法拥有更高的区段通过能力。但区间轨道是否完整,到达列车是否完整,目前仍需通过人工检查才能确定。半自动闭塞现在是早期城市轨道交通行业区间闭塞的主要类型。半自动闭塞电路原理如图 2-4 所示。

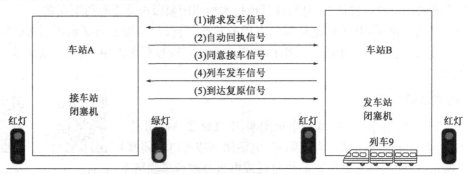

图 2-4 半自动闭塞电路原理

(3) 自动闭塞（固定闭塞）：通过信号机把区间划分为若干个装设轨道电路的闭塞分区，通过轨道电路将列车和通过信号机的显示联系起来，使信号机的显示随着列车运行位置而自动变换的一种闭塞方式。双线单方向自动闭塞（固定闭塞）示意图如图2-5所示。在每个闭塞分区始端都设置一架防护该分区的通过色灯信号机，这些信号机平时显示绿灯，称为"定位开放式"；只有当列车占用该闭塞分区（或发生断轨故障）时，才自动显示红灯，要求后续列车停车。

固定闭塞

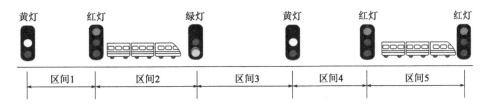

图2-5 自动闭塞（固定闭塞）示意图

自动闭塞的优点：由于划分成闭塞分区，可用最小运行间隔时间开行追踪列车，从而大大提高区间通过能力；整个区间装设了连续的轨道电路，可以自动检查轨道的完整性，提高了行车安全的程度。随着自动闭塞技术的发展，产生了准移动闭塞技术和移动闭塞技术。

(4) 准移动闭塞：准移动闭塞在控制列车的安全间隔上比固定闭塞更为先进。它通过采用报文式轨道电路辅之环线或应答器（信标）来判断分区占用并传输信息，传输信息量更大，且可以告知后续列车继续前行的距离，后续列车可根据这一距离合理地采取减速或制动，列车制动的起点可延伸至保证其安全制动的地点，从而可改善列车速度控制，缩小列车安全间隔，提高线路利用效率。但准移动闭塞中后续列车的最大目标制动点仍必须在先行列车占用分区的外方，因此，它并没有完全突破轨道电路的限制。准移动闭塞示意图如图2-6所示。

准移动闭塞

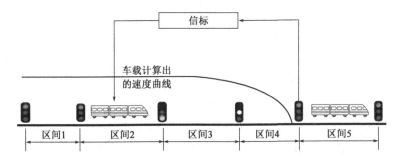

图2-6 准移动闭塞示意图

(5) 移动闭塞：在对列车的安全间隔控制上更进了一步。通过车载设备和轨旁设备不间断的双向通信，控制中心可以根据列车实时的速度和位置动态计算列车的最大制动距离。保证列车前后的安全距离，两个相邻的移动闭塞分区就能以很小的间隔同时前进，这使列车能以较高的速度和较小的间隔运行，从而提高运营效率。移动闭塞的线路取消了物理层次上的分区划分，将线路分成了若干个通过数据库预先定义的线路单元，每个单元长度为几米到十几米，移动闭塞分区即由一定数量的单元组成，

移动闭塞

单元的数目可随着列车的速度和位置而变化，分区的长度也是动态变化的。移动闭塞系统中列车和轨旁设备必须保持连续的双向通信。列车不间断向轨旁控制器传输其标识、位置、方向和速度，轨旁控制器根据来自列车的信息计算、确定列车的安全行车间隔，并将相关信息（如先行列车位置、移动授权等）传递给列车，控制列车运行。移动闭塞示意图如图2-7所示。

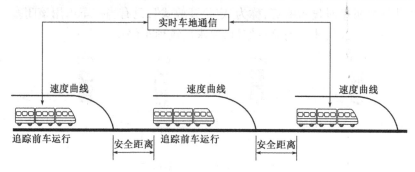

图2-7 移动闭塞示意图

5. 驾驶模式

（1）自动驾驶模式（ATO）和点式ATO模式（IATO模式）。司机将模式转换开关置于PM位，方向手柄置于向前位，主控手柄置于0位，当ATC授权列车运行时，司机按压ATO模式按钮（亮灯），再按压ATO启动按钮灯（亮灯），这样列车能够在运行图预设的停车站自动停车。司机须做好列车状态的监控，发现异常时应及时采取措施。点式ATO模式下，司机操作同ATO模式。不同之处是点式ATO模式下，司机须凭地面信号机开放信号动车。

（2）ATP防护下的人工驾驶模式（ATPM）和点式ATP模式（IATP模式）。ATPM模式下，司机负责驾驶，VOBC提供列车全部ATP防护，司机根据信号屏显示的推荐速度和限制速度驾驶列车。当车速接近限制速度时，将会发出声音报警，司机须采取制动措施，如果车速超过最大允许速度，列车将会紧急制动后停车，需要司机进行人工缓解。点式ATP模式下，司机操作同ATPM模式。不同之处是点式ATP模式下，司机须凭地面信号机开放信号动车。

（3）RM模式（限制人工驾驶模式）。模式开关处于"RM"模式位置时，列车由司机在降级ATP的监控下人工驾驶，ATP仅监控列车速度和客室门状态，后退时，还监控退行距离。在正常运营模式下，仅用于列车定位前、初始化后或在车场运行以及越过停车位置时的后退对位。当超过限速及最大退行距离时，ATP会触发紧急制动，需要司机进行人工缓解。

（4）CUT-OUT模式（非限制人工驾驶模式，此模式下信号切除）。经行车调度员同意后，司机将ATC模式开关置于切除位，从而旁路了ATC信号系统功能。此时，车载设备不再控制列车运行，列车完全由人工驾驶，司机根据调度命令和地面信号的显示驾驶列车。列车安全的运行由联锁设备、调度人员、司机共同保证。

（5）ATB模式（无人自动折返模式）。电客车无人自动折返时，到达司机须按压"自动折返"按钮，将驾驶模式切换至"OFF"位，关闭司控器钥匙，下车并关好司机室侧门。如果是在小站台进行操作，只需按下自动折返按钮，列车便会自行完成折返作业。

（6）洗车模式。司机应先将驾驶模式切换至洗车模式，再启动牵引动车，列车会以3km/h限速运行。此模式专门用于洗车或列车救援时的连挂操作。

## 6. 驾驶模式的建立条件

驾驶模式的建立条件见表2-5。

驾驶模式的建立条件　　　　　　　　　　　　　　　　　表2-5

| 驾驶模式 | 驾驶模式的建立条件 | | | |
|---|---|---|---|---|
| | 司控器钥匙 | 方向手柄 | 主控手柄 | 按钮或开关操作 |
| RMF | 开 | 向前 | 无 | 模式开关置于RM位 |
| RMR | 开 | 向后 | 无 | 模式开关置于RM位 |
| ATPM | 开 | 向前 | 无 | 无 |
| ATO | 开 | 向前 | 0位 | ATO模式按钮按下 |
| ATB | 开 | 0位 | 0位 | ATO自动折返按钮按下，模式开关置于OFF位 |
| CUT-OUT | 开 | 向前 | 无 | ATC开关置于切除位 |

## 二、全自动运行条件下的区间驾驶作业

全自动运行模式(full automatic operation mode, FAM)指的是列车在没有人工干预的情况下,能够根据预定的运行图或控制命令自动驾驶、停车、开闭车门以及其他列车操作的一种驾驶模式。在此模式下,列车的所有运行和操作都是由列车控制系统自动完成的。

全自动运行模式下的列车可以实现以下操作。

(1)自动启动和驾驶:列车根据运行图自动启动、调整速度并驾驶到下一个预定站点。

(2)自动停车:列车可以在指定的站台位置精确停车。

(3)自动开关车门:在停车后,列车会自动打开车门,乘客上下车后,再自动关闭车门。

(4)自动响应信号:列车会根据前方的信号、轨道状态和其他列车的位置自动调整运行状态。

(5)故障自动处理:在遇到某些故障时,列车可以自动采取安全措施,如自动减速或停车。

### 1. 全自动运行列车的驾驶模式

全自动运行模式能够提高列车的运行效率、安全性和准时率,减少人为误操作的风险,实现更加精确的控制。由于不需要驾驶员,它还可以降低运营成本。因此,近些年全自动运行系统在城市轨道交通行业得到了广泛的应用。全自动运行列车的驾驶模式见表2-6。

全自动运行列车的驾驶模式　　　　　　　　　　　　　　　表2-6

| 序号 | 中文名称 | 英文简称 | 信号屏显示 | 特点 |
|---|---|---|---|---|
| 1 | 全自动驾驶模式 | FAM | FAM | 此模式下,列车根据运行图自动运行出库,实现区间自动驾驶、对标停车、车门与站台门开/关、折返换端,结束运营后自动运行回库,并接收远程指令进行休眠。该驾驶模式仅当列车处于全自动运行区域时可以使用 |

续上表

| 序号 | 中文名称 | 英文简称 | 信号屏显示 | 特点 |
|---|---|---|---|---|
| 2 | 蠕动模式 | CAM | CAM | 此模式为车辆网络出现故障、车载VOBC与车辆设备通信故障时,申请获得远程授权后的一种自动驾驶模式,列车在车载ATP防护下限速60km/h运行。列车以CAM模式进站,车门与站台门自动开启后不会关闭,行车调度员组织人工关闭车门、站台门后,列车不会自动发车,此时若想重新开门,须进行远程开门操作。司机无法手动将CAM模式列车升级为FAM模式;CAM列车在检修完成之前,不可人工休眠;CAM模式转为CM-C模式时,必须得到行车调度员/车场调度员允许,转为CM-C模式后,由人工和信号系统共同保证安全 |
| 3 | 自动驾驶模式 | AM-C | AM-CBTC | 此模式下,列车能够在运行图预设的停车站自动停车,开启车门、站台门,由司机根据时刻表上的发车时间人工按压关门按钮后关闭车门、站台门 |
| 4 | ATP防护下的人工驾驶模式 | CM-C | CM-CBTC | 此模式下,司机控制列车在运行图预设的停车站停车后,人工开启车门、站台门,并根据时刻表上的发车时间人工关闭车门、站台门,ATC提供列车全部ATP防护,司机应比照推荐速度(黄三角)低5km/h驾驶列车。当车速超过推荐速度时,信号屏将会发出报警提示,司机须采取制动措施,如果车速超过紧急速度(红三角),列车会紧急制动,紧急制动停车后,列车自动缓解紧急制动 |
| 5 | 点式ATP防护下的自动驾驶模式 | AM-I | AM-ITC | 此模式下,列车能够在运行图预设的停车站自动停车,开启车门、站台门,由司机根据时刻表上的发车时间人工按压关门按钮后关闭车门、站台门。若区间设置临时限速,AM-I模式无法响应临时限速,司机必须以CM-I模式在限速区间按规定限速运行。AM-I模式下"自动报站"不可用,须使用"半自动报站",司机须对"半自动报站"广播中的"始发站""当前站""终点站"进行设置 |
| 6 | 点式ATP防护下的人工驾驶模式 | CM-I | CM-ITC | 此模式下,司机控制列车在运行图预设的停车站停车后,人工开启车门、站台门,并根据时刻表上的发车时间人工关闭车门、站台门,ATC提供列车全部ATP防护,司机应比照推荐速度低5km/h驾驶列车。当车速超过推荐速度时,信号屏将会发出报警提示,司机须采取制动措施,如果车速超过限制速度,列车将会紧急制动,紧急制动停车后,列车自动缓解紧急制动。CM-I模式下"自动报站"不可用,须使用"半自动报站",司机须对"半自动报站"广播中的"始发站""当前站""终点站"进行设置 |
| 7 | 远程限制运行模式 | 远程RM | R-RM | 此模式为FAM模式下列车丢失位置时,行车调度员远程授权的一种自动驾驶模式。列车在车载ATP防护下限速25km/h运行,若在区间行时采集到位置,列车可恢复FAM模式运行。列车以远程RM模式无法进站对标时,进站后列车会产生紧急制动,需要开启主控后人工驾驶列车对标 |

续上表

| 序号 | 中文名称 | 英文简称 | 信号屏显示 | 特点 |
|---|---|---|---|---|
| 8 | 限制人工驾驶模式 | RM | RM | 此模式下,列车由司机在降级ATP的监控下人工驾驶,列车限速40km/h,进站速度限制15km/h,司机控制列车在运行图预设的停车站停车后,人工开启车门、站台门,并根据时刻表上的发车时间人工关闭车门、站台门。当车速超过限制速度时,信号屏将会发出报警提示,司机须采取制动措施,如果车速超过限制速度,列车将会紧急制动,紧急停车后,列车自动缓解紧急制动 |
| 9 | 车载限制运行模式 | 车载RM | V-RM | 此模式为FAM模式下车辆设备出现故障,获得车载授权后的一种人工驾驶模式。列车在降级ATP的监控下限速40km/h运行,进站速度限制15km/h,司机控制列车在运行图预设的停车站停车后,人工开启车门、站台门,并根据时刻表上的发车时间人工关闭车门、站台门。当车速超过限制速度时,信号屏将会发出报警提示,司机须采取制动措施,如果车速超过限制速度,列车将会紧急制动,紧急停车后,列车自动缓解紧急制动 |

### 2. 驾驶模式转换

正线运营的列车必须在车站/折返线/存车线对标停稳后方可操作升降级按钮,不得在区间或列车运行过程中操作升降级按钮(遇特殊情况、列车故障、得到调度命令时除外)。升降级驾驶模式流程见表2-7和表2-8。

**降级驾驶模式流程** 表2-7

| 序号 | 初始模式 | 降级的目标模式 | 具体操作 |
|---|---|---|---|
| 1 | FAM | AM-C/CM-C | (1)列车停稳开关门后,司机激活主控,信号屏右上角显示为"CM-CBTC"。<br>(2)方向手柄打向前,主控手柄拉快速制动。AM-C模式时,驾驶端门模式打至AM;CM-C模式时,驾驶端门模式打至MM。<br>(3)关闭车门、站台门,推主控手柄至牵引,列车以CM-C模式动车。将主控手柄置于0位,ATO按钮闪烁,按压两个ATO按钮3s以上,列车以AM-C模式动车。<br>(4)列车在AM-C或CM-C模式运行中,可操作主控手柄进行模式转换 |
| 2 | FAM | AM-I/CM-I | (1)列车停稳开关门后,司机激活主控,信号屏右上角显示为"CM-CBTC"。<br>(2)方向手柄打向前,主控手柄拉快速制动。AM-I模式时,驾驶端门模式打至AM;CM-I模式时,驾驶端门模式打至MM。<br>(3)按"模式降"按钮,信号屏右下角显示弹框"ITC-AM",按"确认"按钮,信号屏左下角显示最高模式"AM-I",右上角显示"RM"。<br>(4)向行车调度员汇报列车当前为RM模式,得到行车调度员允许后动车。<br>(5)越过信号机后,列车升级为CM-I模式。<br>(6)到下一站关门,确认出站信号机开放,按"确认"按钮,以CM-I模式驾驶列车出站。仅显示紧制速度为20km/h。<br>(7)列车在CM-I中,将主控手柄置于0位,ATO按钮闪烁,按压两个ATO按钮3s以上,信号屏右上角显示AM-I,列车以AM-I模式运行 |

续上表

| 序号 | 初始模式 | 降级的目标模式 | 具体操作 |
|---|---|---|---|
| 3 | FAM | RM | (1)列车停稳开关门后,司机激活主控,信号屏右上角显示为"CM-CBTC"。<br>(2)方向手柄打向前,主控手柄拉快速制动,驾驶端门模式打至MM。<br>(3)按"模式降"按钮,信号屏右下角显示弹框"RM",按"确认"按钮,信号屏左下角显示最高模式"RM",右上角显示"RM"。<br>(4)向行车调度员汇报列车当前为RM模式,得到行车调度员允许后动车。<br>(5)列车预选为RM模式,无法升级,保持该模式运行 |
| 4 | AM-C/CM-C | AM-I/CM-I | (1)列车停稳开关门后,按"模式降"按钮,信号屏右下角显示弹框"ITC-AM",按"确认"按钮,信号屏左下角显示最高模式"AM-I",右上角显示"RM"。<br>(2)主控手柄拉快速制动。AM-I模式时,驾驶端门模式打至AM;CM-I模式时,驾驶端门模式打至MM。<br>(3)向行车调度员汇报列车当前为RM模式,得到行车调度员允许后动车。<br>(4)越过信号机后,列车升级为CM-I模式。<br>(5)到下一站关门,确认出站信号机开放,按"确认"按钮,以CM-I模式驾驶列车出站。仅显示紧制速度为20km/h。<br>(6)列车在CM-I中,将主控手柄置于0位,ATO按钮闪烁,按压两个ATO按钮3s以上,信号屏上角显示AM-I,列车以AM-I模式运行 |
| 5 | AM-C/CM-C/<br>AM-I/CM-I | RM | (1)列车停稳开关门后,按"模式降"按钮,信号屏右下角显示弹框"RM",按"确认"按钮,信号屏左下角显示最高模式"RM",右上角显示"RM"。<br>(2)驾驶端门模式打至MM,主控手柄拉快速制动。<br>(3)向行车调度员汇报列车当前为RM模式,得到行车调度员允许后动车,预选为RM模式,无法升级,保持该模式运行。<br>(4)若为点式模式回段,列车在转换轨停稳后,信号屏提示"确认回段",司机按"确认"按钮,列车以点式模式退回停车场 |
| 6 | 任意模式 | 非限模式 | 列车停稳后,将驾驶端"ATP切除开关"打至切除位,可降级非限模式。(救援连挂时,需要将故障车和救援车两端ATP均切除) |

**升级驾驶模式流程**  表2-8

| 序号 | 初始模式 | 升级的目标模式 | 具体操作 |
|---|---|---|---|
| 1 | AM-C/CM-C | FAM | (1)列车停稳后,按"模式升"按钮至信号屏显示"FAM",确认后左下角显示为"FAM-C"。<br>(2)保证两端门模式在AA,主控和方向手柄都回到0位。<br>(3)若满足条件,按"确认"按钮并关闭主控钥匙,列车自动发车;否则以CM-C模式驾驶至下一站后升级为FAM模式 |

续上表

| 序号 | 初始模式 | 升级的目标模式 | 具体操作 |
|---|---|---|---|
| 2 | AM-I/CM-I | FAM | (1)列车停稳后按"模式升"按钮至信号屏显示"FAM",确认后左下角显示为"FAM-C",右上角显示为"CM-ITC"。<br>(2)约10s后,列车升级为"CM-CBTC"。<br>(3)保证两端门模式在AA,主控和方向手柄都回到0位。<br>(4)若满足条件,按"确认"按钮并关闭主控钥匙,列车自动发车;否则,以CM-C驾驶至下一站后升级为FAM模式 |
| 3 | AM-I/CM-I | AM-C/CM-C | (1)列车停稳后按"模式升"按钮至信号屏显示"CBTC-AM",确认后左下角显示为"AM-C",右上角显示为"CM-ITC"。<br>(2)约10s后,列车升级为"CM-CBTC",后续以AM-C或CM-C模式驾驶时,调整门模式。<br>(3)主控手柄拉到牵引位时,列车以CM-C模式运行;主控手柄置于0位时,按两个ATO按钮3s以上,确认后列车以AM-C模式运行。若未升级,按行车调度员命令继续以CM-I模式运行 |
| 4 | RM | CM-C | (1)列车停稳关门后,按"模式升"至信号屏显示"CBTC-AM",确认后左下角显示为"AM-C",右上角显示为"RM"。<br>(2)若列车有定位,则升级为"CM-CBTC",以CM-C模式运行;若列车无定位,则以RM模式动车,定位后在下一信号机前升级为CM-C模式 |
| 5 | 库内RM | CM-C | 人工唤醒后,默认预选为FAM-C。若为RM模式,操作后信号屏显示为"FAM",确认后显示为"FAM-C"并升级为CM-C模式 |
| 6 | RM | CM-I | (1)列车停稳后按"模式升"按钮至信号屏显示"ITC-AM",确认后左下角显示为"AM-I",右上角显示为"RM"。<br>(2)向行车调度员汇报当前为RM模式,得到允许后动车。<br>(3)越过信号机后,满足条件则升级为CM-I模式 |
| 7 | 非限模式 | RM | 列车停稳后,恢复ATP切除旋钮 |

**3. 区间运行的注意事项**

(1)接收行车调度员命令或行车指示时,司机必须认真逐句复诵并领会命令内容,做到听不清就问,同时将重要信息记录在电客车司机日志上,并做好交接。司机与行车调度员/车场调度员/信号楼值班员联系时,司机操纵台盖板关闭时优先采用手持电台通信,司机操纵台盖板开启时优先采用车载台通信。当通信建立通话两次失败后,司机应立即采用紧急呼叫建立通话。

(2)任何情况下严禁飞乘飞降,严禁在列车运行时填写各类表单。

(3)在驾驶列车进站停车过程中,除紧急呼叫外,可暂不接听调度电话,待列车停妥开门后,再和行车调度员通话,并向行车调度员说明原因。

(4)列车在站停车时,司机要坚守岗位,不得擅自远离值岗区域。需远离司机室工作或处理故障等时,须携带相关钥匙、手持电台等,并将司机室隔间门锁好。

(5)严禁电客车在无人引导情况下退行(车站退行对标除外)和推进运行。

(6)遇恶劣天气、非正常组织行车、突发大客流、列车故障、救援作业等异常情况时,严禁学员司机驾驶和操作。

(7)司机有权拒绝违章命令、影响行车安全的指令。

(8)司机值乘时必须严格执行手指口呼应答规定。这一规定旨在提醒司机,强制对需要确认的项目进行确认,保证电客车运营安全。呼唤时,语速要正常,连续呼唤时,要停顿1s,确保每一步都做到位。司机与监控人员/学员司机须同时呼唤、声音须清楚洪亮。手指时,使用左手进行手指确认,手指方式为:手臂端平,手指握拳,掌心向内,食指与中指并拢平伸,指尖须指向确认内容。

(9)在操作任何车辆旁路、断路器、按钮、开关前,必须确认对应的安全条件已经满足,严格执行"一确认,二停顿,再操作"的方式,手指口呼确认需要操作的设备,手指口呼应做到及时、准确、停顿1s及以上。操作旁路时须将操作原因记录在"电客车状态记录卡"上。

(10)车场运行时,若为列车进路,司机凭黄灯信号机动车,并在红灯信号机(或规定的停车位置)前停车,区间蓝灯信号机视为无效;若为调车进路,司机凭白灯信号机动车,并在蓝灯或红灯信号机(或规定的停车位置)前停车。正线运行时,若列车为CBTC模式,司机凭信号屏显示动车,前方信号机应为灭灯状态,遇信号机亮灯或其他禁止信号时应及时采取应急措施;若列车为非CBTC模式、点式模式时,司机凭地面信号及信号屏紧制速度动车,RM/非限模式时,司机凭地面信号及调度命令动车,前方信号机应显示绿灯或黄灯,遇信号机灭灯、显示红灯或其他禁止信号时,司机应立即采取紧急停车措施。采用电话闭塞法时,电话闭塞法区段内的信号机视为无效,司机凭路票及站务人员发车手信号动车。

(11)FAM模式列车停稳后,出现溜车或非计划异动时,司机应及时呼叫行车调度员/信号楼值班员,要求立即采取远程紧急停车措施,同时立即开启司机台盖板,操作紧急停车按钮。非FAM模式列车停稳后,如果出现溜车或非计划异动时,司机应立即采取紧急停车措施后报行车调度员/信号楼值班员。

(12)在车门打开或关闭过程中严禁激活或关闭主控钥匙,司机必须在车门完全处于打开状态或关闭状态后,才可进行主控钥匙的操作。

(13)车站SPKS、站台紧急停车按钮无法对非CBTC模式的列车进行防护。非CBTC模式列车进站过程中,司机须加强对站台区域的监控,发现影响行车的异常情况时,应及时采取紧急停车措施并报行车调度员。

(14)列车在车场内运行(含调车作业、调试作业、洗车作业)或在正线进行调试作业时,司机必须开启司机台盖板。

**4. 全自动运行条件下的区间作业**

(1)司机应坐姿端正、目视前方,认真瞭望前方信号、线路、道岔情况,通过司机室CCTV观察客室情况。

(2)在列车运行中,司机应注意监听广播是否正确。当列车自动广播播放错误或故障时,司机应及时报告行车调度员。

# 技能工作页

## 知识巩固

姓名：_____ 班级：_____ 学号：_____
训练起止时间：_____时_____分至_____时_____分 用时：_____时_____分

### 一、填空题

1. 闭塞法的目的是确保在同一轨道上的列车之间保持足够的_____。
2. 电气路签(牌)闭塞是以路签或路牌作为列车占用区间_____的行车闭塞法。
3. 自动闭塞是通过信号机把行车区间划分为若干个装设_____的闭塞分区。
4. 移动闭塞的线路取消了物理层次上的_____。
5. 在CBTC模式下，从ATPM切换到ATO的条件之一是方向手柄在_____位。
6. 在CUT-OUT(非限)模式驾驶中，必须获得_____后方可采用此模式驾驶。
7. 在RM模式驾驶时，正线采用此模式驾驶前，一定要得到_____授权。
8. 在电话闭塞法下，首列车采用非限模式的限速是_____。
9. 在蠕动模式(CAM)下，列车的限速是_____。
10. 在远程限制运行模式(远程RM)下，列车在车载ATP防护下的限速是_____。
11. 在全自动运行条件下，司机应通过_____观察客室情况。
12. 当列车自动广播播放错误或故障时，司机应及时报告_____。

### 二、选择题

1. 城市轨道交通非全自动运行条件下的区间驾驶作业通常指的是(　　)。
   A. 列车在车站之间完全依赖自动驾驶系统行驶
   B. 列车在车站之间不完全依赖自动驾驶系统行驶
   C. 列车在车站之间完全由司机控制行驶
   D. 列车在车站之间完全由自动驾驶系统控制行驶
2. 闭塞法的核心思想是(　　)。
   A. 确保每个车站内只能有一列列车
   B. 确保每个闭塞段内可以有多列列车
   C. 确保每个闭塞段内只能有一列列车
   D. 确保每个车站内可以有多列列车
3. 在人工闭塞中，(　　)方式目前仅在基本闭塞设备停用或发生故障时使用。
   A. 电气路签(牌)闭塞　　　　B. 电话闭塞
   C. 电报闭塞　　　　　　　　D. 自动闭塞

4. 移动闭塞的主要特点是( )。
   A. 列车和轨旁设备间断地双向通信
   B. 列车和轨旁设备不间断地双向通信
   C. 仅通过车载设备通信
   D. 仅通过轨旁设备通信

5. 在( )模式下,列车运行完全依赖于司机,没有ATP系统的干预和安全防护。
   A. CBTC-ATO模式         B. CBTC-ATPM模式
   C. RM模式               D. CUT-OUT模式

6. 当CBTC系统组件出现故障且后备模式也无法启动时,通常使用( )模式。
   A. IATO模式             B. IATP模式
   C. RM模式               D. CUT-OUT模式

7. 在( )模式下,列车在自动模式下进行折返操作。
   A. CBTC-ATO模式         B. CBTC-ATPM模式
   C. ATB模式

8. 在列车完全停稳后,司机应将主控手柄置于( )。
   A. 启动位               B. 快制位
   C. 惰行位               D. 制动位

9. 在移动闭塞法(CBTC)下,当驾驶模式为ATO时,动车条件中不包括( )。
   A. 道岔位置正确         B. 客室门、站台门关好
   C. 空隙安全             D. 地面信号开放

10. 在固定闭塞法(不具备列车超速防护功能)下,驾驶模式为非限时,列车有监控员的速度限制是( )。
    A. 25km/h              B. 45km/h
    C. 60km/h              D. 15km/h

11. 在电话闭塞法下,列车停在区间时,凭( )动车进站。
    A. 行车调度员发布电话闭塞法的命令
    B. 路票/电话记录号
    C. 车站发车手信号
    D. 行车调度员命令动车进站

12. 在全自动驾驶模式(FAM)下,列车可以实现以下( )操作。
    A. 自动启动和驾驶      B. 手动开关车门
    C. 自动响应信号        D. 手动处理故障

13. 正线运营的列车在( )下,可以在区间或列车运行过程中操作升降级按钮。
    A. 列车故障时          B. 得到调度命令时
    C. 列车在车站停稳时    D. A和B

14. 在FAM模式下,列车出现溜车或非计划异动时,司机应首先( )。
    A. 开启司机台盖板,操作紧急停车按钮
    B. 呼叫行车调度员/信号楼值班员

C. 立即采取紧急停车措施
D. A 和 B

### 三、判断题

1. 闭塞法的目的是确保在同一轨道上的列车之间可以随意接近,不需要保持安全距离。（　　）

2. 在准移动闭塞中,后续列车的最大目标制动点仍必须在先行列车占用分区的外方。（　　）

3. 在移动闭塞系统中,列车和轨旁设备必须保持连续的双向通信。（　　）

4. CBTC 系统的主要特点之一是动态定位。（　　）

5. 在 IATO 模式下,车载通信系统不实现连续数据传输。（　　）

6. 在 CUT-OUT 模式下,列车 ATP 系统被切断或隔离,此时有 ATP 防护。（　　）

7. 在 CUT-OUT 模式驾驶中,驾驶时需要将模式开关置于"ON"位。（　　）

8. 在全自动驾驶模式(FAM)下,列车需要人工干预进行驾驶和操作。（　　）

9. 在蠕动模式(CAM)下,列车在车载 ATP 防护下可以超过 60km/h 运行。（　　）

10. 在车载限制运行模式(车载 RM)下,列车在降级 ATP 的监控下限速为 50km/h。（　　）

### 四、简答题

1. 简述闭塞法的定义。

2. 简述 CUT-OUT 模式驾驶的主要注意事项。

3. 请解释正线运营的列车在何种情况下可以在区间或列车运行过程中操作升降级按钮。

# 技 能 训 练

姓名：_____  班级：_____  学号：_____

训练起止时间：_____时_____分至_____时_____分 用时：_____时_____分

你是一名列车驾驶员，正在参与城市轨道交通基于通信的列车控制（CBTC）系统下的列车操作训练。当前，你的列车处于ATO（自动列车操作）模式下，需要在指定区间内从车站A运行至车站B。你需要在CBTC-ATO模式下监控列车状态，确保列车运行安全、平稳。请根据所学内容将表2-9填写完整。

CBTC-ATO模式下列车区间运行操作评分表  表2-9

| 序号 | 操作阶段 | 条件 | 操作内容 | 司机动作 | 司机口呼 |
|---|---|---|---|---|---|
| 1 | 初始设置 | 在始发站 | 通过"车辆显示屏"选择列车运行线路，设置报站广播 | | |
| 2 | 出站前 | 有前方信号和道岔 | 动车前手指眼看前方信号和道岔 | | |
| 3 | 区间内 | 有前方信号或道岔 | 区间运行过程遇信号机、道岔 | | |
| 4 | 进站前 | 有站名标 | 进站前遇站名标 | | |
| 5 | 停车确认 | 列车已停稳 | 列车停稳后 | | |

# 评价反馈

## 一、自我评价

根据本任务的学习情况,请在已完成的知识点和技能点前的方框内打"√"。
□了解非全自动运行条件下的区间驾驶作业的定义。
□掌握闭塞法的定义、闭塞的原则和闭塞法的分类。
□掌握城市轨道交通列车驾驶模式(非全自动运行条件下)。
□掌握CBTC模式下ATO转ATPM、ATPM转ATO的转换条件。
□掌握正线驾驶的流程。
□掌握全自动运行列车的驾驶模式。
□掌握驾驶模式转换。
□工作页完成并提交。
□工作页未完成,未完成的原因:_____。

## 二、教师评价

1. 课后习题

□已完成并提交。
□未完成,未完成的原因:_____。

2. 作业工作页

□已完成,质量较好。
□已完成,质量一般。
□未完成,未完成的原因:_____。

3. 7S评价

□工具、学习资料摆放整齐。
□环境整齐、干净。

## 任务三 折返作业

### 🔄 任务引导

折返作业是城市轨道交通运营中一个关键的功能,其主要特点是能够有效地实现列车的折返与方向转换。折返作业通常在终点站或指定的折返站进行,依靠调度系统和信号系统的配合,确保列车在既定时间内顺利完成方向转换。该过程通常包括列车进站、清客、司机切换司机室、列车折返等步骤。

詹天佑(1861—1919年)是中国近代铁路工程的先驱,被誉为"中国铁路之父"。他主持设计和建设的京张铁路(北京至张家口)是中国第一条完全由中国人自主设计和建设的铁路。在京张铁路的建设过程中,詹天佑面临了巨大的技术挑战。其中挑战之一是如何让铁路越过山区。为了解决这一问题,詹天佑采用了一种独特的设计——"人字形"线路设计,如图2-8所示,"人字形"线路是指在山区,铁路线首先沿山坡上升,然后在山顶进行一个大的U形转弯,再沿山坡下降。这样,列车可以利用山坡的坡度逐渐上升,避免了直接越过山顶的需要。这种设计既节省了建设成本,又避免了大量的隧道和桥梁建设。詹天佑的这一设计被广泛认为是他的一个杰出的创新,显示了他的工程才华和对铁路建设的深入理解。京张铁路的成功建设不仅加速了中国的铁路化进程,也为后来的铁路工程师们提供了宝贵的经验和启示。

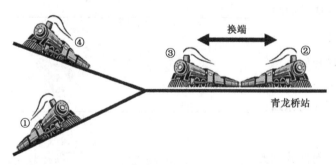

图2-8 詹天佑建设的京张铁路"人字形"线路

那么,"人字形"线路能否为我们城市轨道交通列车的折返提供启发呢?

### ✨ 课前思考

1. 城市轨道交通列车如何实现折返?
2. 非全自动运行条件下的折返作业程序是什么?
3. 全自动运行条件下的折返作业程序是什么?

## 🌸 理论储备

### 一、非全自动运行条件下的折返作业

折返作业

1. 非全自动运行条件下的折返作业的定义

城市轨道交通列车的折返作业是指列车在终点站或特定的折返站完成行驶方向的改变，为下一次行驶做好准备的一系列操作。这通常包括列车的停靠、乘客的上下车、司机的交接班、列车的折返等程序。

折返作业包括以下步骤。

(1)列车进站。列车按照预定的时间和速度进入终点站或折返站。

(2)乘客下车。列车停稳后，乘客开始下车。

(3)司机交接班。在某些情况下，原来的司机会从前司机室下车，新的司机会进入后司机室，准备驾驶列车返回。

(4)列车折返线行驶和换端。列车以自动驾驶或者司机手动驾驶方式进入折返线，一端司机室关闭，另一端司机室激活，驶入车站。

(5)乘客上车。新的乘客开始上车。

(6)列车出站。在确保所有的准备工作都完成后，列车开始从折返站出发。

2. ATB自动折返功能

城市轨道交通列车一般具备ATB自动折返功能，该模式需要司机手动按压ATB按钮触发。在该模式下，ATO将自动选择控制司机室并驾驶列车运行至折返区域，在规定位置停车后，自动换端，并控制列车自动驾驶至发车站站台停车，完成自动折返功能。

ATB模式的可用条件有以下几项。

(1)列车完全位于自动折返区域且处于CBTC模式下。

(2)自动列车监控系统ATS、数据控制系统DCS、区域控制器ZC、计算机联锁CI和车载控制器CC全部可用。

(3)ATO与车辆的自动驾驶接口可用。

3. 城市轨道交通列车的折返作业分类

按车站折返线设置位置分，城市轨道交通列车的折返作业分为以下三种。

(1)站前折返。在列车到达终点站之前，通过专门的折返线或轨道结构实现折返。

(2)站后折返。列车首先进入终点站，然后在车站之后的专门的折返线或轨道结构上进行折返。

(3)混合折返。结合了站前和站后两种方式的折返，通常在特定的需求或空间限制下使用。

按折返站设置在线路中的位置分，城市轨道交通列车的折返作业分为以下两种。

(1)终点站折返。在轨道交通线路的起点或终点进行折返操作。

(2)中间站折返。在轨道交通线路的中间位置的某个车站进行折返，不必运行到线路的实际终点。

### 4. 非全自动运行条件下的折返作业程序

在站后自动折返作业程序中,到达司机和接车司机需要执行各自的职责。站后自动折返作业程序见表2-10,具体流程如下。

站后自动折返作业程序    表2-10

| 作业项目 | 到达司机 | 接车司机 |
| --- | --- | --- |
| 准备工作 | — | 1. 核对所接车次的到达时间,提前1min立岗接车 |
| 开门 | 2. 按相应驾驶模式下的站台作业标准执行,在站台确认客室门、站台门打开后,监控乘客上下 | 3. 列车停稳开门后,确认第一对客室门、站台门开启,从客室经隔间门进入后端司机室,按压司机对讲,用司机室对讲通知:"接车司机已上车" |
| 关门 | 4. 确认并复诵:"接车司机已上车",确认车站人员清客"好了"信号,后续按相应驾驶模式下的站台作业标准执行关门 | 5. 接车司机确认到达司机复诵 |
| 空隙确认 | 6. 手指确认空隙无夹人、夹物,口呼:"空隙安全" | 7. 确认各设备柜旁路及旋钮开关、广播设置、监听音量、门模式正确 |
| 折返准备 | 8. 进入司机室,双手柄回0位,关闭主控并拔出钥匙,按压自动折返按钮 | — |
| 进折返线 | 9. 手指确认前方信号机显示正常、道岔位置正确,口呼:"灭灯,道岔好",按压ATO启动按钮至列车速度达到10km/h后方可松开。进折返线过程中与接车司机进行交接 | 10. 列车运行至折返线期间,监控列车运行状态与到达司机进行交接 |
| 出折返线 | 12. 列车出折返线动车后,整理个人行车物品,从司机室隔间门进入客室,关闭并反推确认隔间门锁闭良好,做好下车准备 | 11. 后续列车自动启动后,监控列车动车折返至相应站台,途中确认信号机显示、道岔位置正确,手指口呼:"灭灯,道岔好" |
| 站台作业 | 13. 到达司机在列车在站台对标停稳并开门后下车,并用对讲机与接车司机联控:"到达司机已下车"。然后到换乘休息室待乘 | 14. 接车司机在列车在站自动对标停稳后,在车辆屏确认站台客室门、站台门自动打开后,激活司控器钥匙,方向手柄打至前向位,主控手柄拉至快速制动位,上站台立岗,后续按照相应驾驶模式执行站台作业,其间与到达司机联控并复诵:"到达司机已下车" |

(1)准备工作。到达司机应核对所接车次的到达时间,并提前1min立岗接车。

(2)开门。到达司机应按照相应驾驶模式下的站台作业标准进行操作,确认客室门和站台门打开后,监控乘客的上下行动。接车司机在列车停稳并开门后,应确认第一对客室门和站台门已经打开。随后,接车司机从客室经隔间门进入后端司机室,按压司机对讲,通知:"接车司机已上车"。

(3)关门。到达司机需确认并复诵:"接车司机已上车",并等待车站人员发出清客"好了"信号。之后按相应驾驶模式下的站台作业标准执行关门操作。接车司机应确认到达司机的复诵。

(4)空隙确认。到达司机要使用手指确认空隙中没有被夹住的人或物,并口呼:"空隙安全"。接车司机需要确认各设备柜的旁路、旋钮开关、广播设置、监听音量和门模式是否正确。

(5)折返准备。到达司机进入司机室,将双手柄置于0位,关闭主控并拔出钥匙,然后按压自动折返按钮。

(6)进折返线。到达司机需用手指确认前方的信号机显示正常和道岔位置正确,然后手指口呼:"灭灯,道岔好"。接着按压ATB启动按钮,列车限速10km/h运行。在进折返线的过程中,他需要与接车司机进行交接。接车司机在列车进入折返线期间,要监控列车的运行状态,并与到达司机进行交接。

(7)出折返线。到达司机在列车出折返线动车后,整理个人的行车物品,进入客室并从司机室的隔间门退出,确认隔间门锁闭良好,然后准备下车。接车司机在列车自动启动后,要监控列车动车折返到相应站台。在此过程中,需要确认信号机的显示和道岔位置正确,并手指口呼:"灭灯,道岔好"。

(8)站台作业。到达司机在列车在站台对标停稳并开门后下车,并使用对讲机与接车司机联系,告知:"到达司机已下车"。随后,到达司机需要前往换乘休息室待乘。接车司机在列车自动对标停稳并开门后,在车辆屏上确认客室门和站台门已经自动打开。然后,激活司控器钥匙,将方向手柄扳至前向位,主控手柄拉至快速制动位,然后上站台立岗。在后续的站台作业中,与到达司机进行联控,并复诵:"到达司机已下车"。

注意事项:

(1)若出现自动折返失败、列车动车进入折返线自动停车或紧急制动停车的情况,到达司机确认列车状态并开启主控,采取人工站后折返,同时通知接车司机并向行车调度员汇报。

(2)如果列车在出折返线期间发生自动停车或紧急制动停车,接车司机应立即激活司控器钥匙,听取行车调度员的指令,并使用手动模式进行对标。

(3)若列车折返至相应站台后,客室门和站台门未自动开启,司机需在激活司控器钥匙后,及时手动按压开门按钮以打开门。

## 二、全自动运行条件下(FAM模式)的折返作业

### 1.FAM模式站后折返作业程序

在FAM模式站后折返作业程序中,到达司机和接车司机都有一系列步骤需要遵循,以确保列车的安全和准时运行。FAM模式站后折返作业程序见表2-11,流程概述如下。

FAM模式站后折返作业程序　　　　表2-11

| 作业项目 | 到达司机 | 接车司机 |
| --- | --- | --- |
| 准备工作 | 折返站前一站出站后,用随身的800MHz电台呼:"××站接车司机准备接车" | 及时用随身的800MHz电台呼:"××站接车司机收到",核对所接车次的到达时间,提前1min在列车运行方向第一个车门对应的站台门处立岗接车 |

续上表

| 作业项目 | 到达司机 | 接车司机 |
| --- | --- | --- |
| 到站开门 | 列车到站开门后,确认车门、站台门开启,并监控乘客的上下车情况 | — |
| 进司机室 | 打开司机室隔间门 | 列车停稳开门后,确认车门、站台门开启,从客室经隔间门进入运行端司机室,锁闭隔间门上下两个机械锁 |
| 交接作业 | 到达司机将车次、调令、车辆和线路情况等内容与接车司机进行面对面交接,交接要快速且清晰 | 接车司机复诵交接内容,交接完毕后,立即携带好行车备品前往尾端司机室 |
| 进折返线 | 列车关门后,自行折返进入折返线,司机监控列车运行及线路情况 | — |
| 出折返线 | 列车出折返线动车后,整理个人行车备品,从司机室隔间门进入客室,锁闭间门上下两个机械锁,确认隔间门锁闭良好,做好下车准备 | 到达尾端司机室后,锁闭隔间门上下两个机械锁(若司机室照明未关闭,则关闭司机室照明)。监控列车动车折返至相应站台,途中确认信号机显示、道岔位置正确,口呼:"灭灯,道岔好" |
| 站停作业 | 到达司机在列车在站台对标停稳并开门后,立即下车,并用随身的800MHz电台与接车司机联控:"到达司机已下车" | 接车司机在列车在站台自动对标停稳并开门后,执行FAM模式下的站台作业程序,其间与到达司机联控并复诵:"到达司机已下车" |

(1)准备工作。到达司机在折返站前的一个站出站后,使用随身的800MHz电台通知:"××站接车司机准备接车"。接车司机听到到达司机的呼叫后,及时回复:"××站接车司机收到"。然后核对所接车次的到达时间,并提前1min在列车运行方向的第一个车门对应的站台门处准备接车。

(2)到站开门。到达司机在列车到站并开门后,确保车门和站台门都已打开,并监控乘客的上下车情况。

(3)进司机室。到达司机打开司机室之间的隔间门。接车司机在列车停稳并开门后,确认车门和站台门都已开启,然后从客室通过隔间门进入运行端的司机室,并锁上隔间门的两个机械锁。

(4)交接作业。到达司机与接车司机进行面对面的交接,包括车次、调令、车辆和线路情况等信息,并确保交接过程快速且清晰。接车司机复诵交接内容,交接完毕后,立即携带必要的行车备品前往尾端的司机室。

(5)进折返线。到达司机在列车关门后,自行驾驶进入折返线,并持续监控列车的运行和线路情况。

(6)出折返线。到达司机在列车出折返线并开始运行后,整理个人的行车备品,并通过司机室的隔间门进入客室。确保锁上隔间门的两个机械锁,并准备下车。接车司机在到达尾端的司机室后,锁上隔间门的两个机械锁。如果司机室的照明还开着,要关闭它。监控列车从折返线驶入站台的过程,并确保沿途的信号和道岔位置都是正确的。

(7)站停作业。到达司机在列车在站台停稳并开门后,立即下车,并使用随身的800MHz电台与接车司机联系,通知:"到达司机已下车"。接车司机在列车自动停稳并在站台开门后,根据FAM模式执行站台的作业程序,并与到达司机保持联系,复诵:"到达司机已下车"。

2. FAM模式站前折返作业程序

在FAM模式站前折返作业程序中,到达司机和接车司机的具体作业程序见表2-12,流程概述如下。

FAM模式站前折返作业程序　　　　　　　　　　　　表2-12

| 作业项目 | 到达司机 | 接车司机 |
| --- | --- | --- |
| 准备工作 | 折返站前一站出站后,用随身的800MHz电台呼:"××站接车司机站前折返,准备接车" | 及时用随身的800MHz电台呼:"××站接车司机收到",核对所接车次的到达时间,提前1min在折返后的列车发车方向的第一个车门对应的站台门处立岗接车 |
| 到站开门 | 列车到站开门后,确认车门、站台门开启,监控乘客的上下车情况 | 列车停稳并开门后,确认车门、站台门开启,从客室经隔间门进入接车端司机室,锁闭隔间门上下两个机械锁,用随身的800MHz电台通知到达司机:"××站接车司机已上车" |
| 交接作业 | 通过随身的800MHz电台复诵:"××站接车司机已上车";到达司机将车次、调令、车辆及线路情况等内容与接车司机通过随身的800MHz电台交接,交接要快速且清晰 | 接车司机复诵交接内容,摆放好行车备品 |
| 站停作业 | 交接完毕后,整理个人行车备品,从司机室隔间门进入客室,锁闭隔间门上下两个机械锁,确认锁闭良好并下车后,用随身的800MHz电台与接车司机联控:"××站到达司机已下车" | 监控乘客的上下车情况,执行FAM模式下的站台作业程序,其间与到达司机联控并复诵:"××站到达司机已下车" |

(1)准备工作。到达司机在折返站前一站出站后,使用随身的800MHz电台无线设备通知:"××站接车司机站前折返,准备接车"。接车司机听到到达司机的呼叫后,及时回复:"××站接车司机收到"。然后核对所接车次的到达时间,并提前1min在折返后的列车发车方向的第一个车门对应的站台门处准备接车。

(2)到站开门。到达司机在列车到站并开门后,确保车门和站台门都已打开,并监控乘客的上下车情况。接车司机在列车停稳并开门后,从客室经过隔间门进入接车端的司机室,并锁上隔间门的两个机械锁。使用随身的800MHz电台无线设备通知到达司机:"××站接车司机已上车"。

(3)交接作业。到达司机通过随身的800MHz电台无线设备复诵:"××站接车司机已上车"。然后,将车次、调令、车辆和线路情况等信息通过无线设备与接车司机交接,并确保交接过程快速且清晰。接车司机复诵交接的内容,并准备好行车备品。

(4)站停作业。到达司机交接完毕后,整理个人的行车备品,通过司机室的隔间门进入客室。确保锁上隔间门的两个机械锁,下车后,使用随身的800MHz电台无线设备与接车司机联系,通知:"××站到达司机已下车"。接车司机监控乘客的上下车情况,并根据FAM模式执行站台的作业程序。与到达司机保持联系,并复诵:"××站到达司机已下车"。

(5)其他要求。如果到达司机无法及时下车,要及时报告行车调度员并申请重新开门。如果列车已经发车,到达司机应当及时向当值队长报告,由当值队长做好交路安排。在站前折返时,接车司机应当确认好接车车次和列车的发车时间。

### 三、人工折返作业

1. 站后人工折返作业程序

在站后人工折返作业程序中,到达司机和接车司机的具体作业程序见表2-13,流程概述如下。

站后人工折返作业程序　　　　　　　　　　　　　　　　　　　　　　　　表2-13

| 作业项目 | 到达司机 | 接车司机 |
| --- | --- | --- |
| 准备工作 | — | 1. 核对所接车次的到达时间,提前1min立岗接车 |
| 开门 | 2. 按相应驾驶模式下的站台作业标准执行,在站台确认客室门、站台门打开后,监控乘客的上下车情况 | 3. 接车司机在列车停稳并开门后,确认第一对客室门、站台门开启,从客室经隔间门进入后端司机室,按压司机对讲,用司机室对讲通知:"接车司机已上车" |
| 关门 | 4. 确认并复诵:"接车司机已上车",确认车站人员清客"好了"信号,后续按相应驾驶模式下的站台作业标准执行关门 | 5. 接车司机确认到达司机复诵 |
| 空隙确认 | 6. 手指确认空隙无夹人、夹物,口呼:"空隙安全" | 7. 确认各设备柜旁路及旋钮开关、广播设置、监听音量、门模式正确 |
| 进折返线 | 8. 动车时按相应驾驶模式下的站台作业标准执行,进入折返线后,手指停车标停车,口呼:"对标停车" | — |
| 交接换端 | 9. 列车在折返线对标停稳后,确认信号屏显示"小绿车",关闭并拔出司控器钥匙,手指钥匙孔,用司机室对讲与接车司机联控"钥匙已关"后进行交接。<br>12. 通过车辆屏确认接车端钥匙已开,手指车辆屏接车端图标显示,用司机室对讲复诵"钥匙已开"后,与接车司机进行交接。<br>注意:非限模式下,复诵接车司机"ATP已切除",经行车调度员同意后再恢复本端ATP,与接车司机做好交接 | 10. 通过车辆屏确认到达端钥匙已关,手指车辆屏到达端图标显示,用司机室对讲复诵:"钥匙已关"。<br>11. 确认到达司机钥匙已关后7s内开启主控钥匙,方向手柄打至向前位,主控手柄拉至快稳位,用司机室对讲与到达司机联控:"钥匙已开"。<br>13. 通过司机对讲复诵交接内容。<br>注意:非限模式下应经行车调度员授权后,先将本端ATP切除后再交接 |

续上表

| 作业项目 | 到达司机 | 接车司机 |
|---|---|---|
| 出折返线 | 14. 整理个人行车物品,从司机室隔间门进入客室,关闭并反推确认锁闭良好,做好下车准备 | 15. 确认列车状态良好,站立并用手指确认信号机显示正常、道岔位置正确,口呼:"黄灯/灭灯、道岔好"。<br>RM/非限模式:确认列车状态良好,站立并用手指确认信号机显示正常、道岔位置正确,口呼:"黄灯、道岔好"。<br>ATO/PM模式和点式ATO/点式PM模式:手指确认信号机显示正常,确认道岔位置正确、信号屏速度表上的推荐速度,口呼"推荐速度××"后动车 |
| 到站联控 | 16. 到达司机在列车在站台对标停稳并开门后下车,并用对讲机与接车司机联控:"到达司机已下车"。然后到换乘休息室待乘 | 17. 接车司机在列车到达站台对标停稳后,按相应驾驶模式下的站台作业标准开门后到站台立岗,其间与到达司机联控并复诵:"到达司机已下车" |

(1)准备工作。接车司机核对即将接驳的列车的到达时间,并提前1min做好接车准备。

(2)开门。到达司机根据指定的驾驶模式,确保车门和站台门都已打开,并监控乘客的上下车情况。接车司机在列车停稳并开门后,确认第一对客室门和站台门都已打开,进入司机室并按下司机对讲,通知其他司机自己已经上车。

(3)关门。到达司机确认并复诵:"接车司机已上车",等待车站人员的清客"好了"信号,然后根据指定的驾驶模式关闭车门。接车司机确认到达司机已复诵该信息。

(4)空隙确认。到达司机通过手势确认列车与站台之间的空隙是否安全,并通知其他人员。接车司机检查各种设备和设施,确保一切正常。

(5)进折返线。到达司机根据指定的驾驶模式,驱动列车进入折返线,然后停车。

(6)交接换端。到达司机在列车停稳后,进行与接车司机的交接工作。接车司机确认到达司机的交接操作并进行相应的操作。

(7)出折返线。到达司机整理个人物品,进入客室并确保车门已锁好,准备下车。接车司机确认列车状态良好,按照指定的驾驶模式驱动列车离开。

(8)到站联控。到达司机在列车到站并停稳后下车,并与接车司机联系,确认已经下车。接车司机在列车到站并停稳后,根据指定的驾驶模式开车门,并与到达司机保持联系。

2. 站前人工折返作业(CBTC模式)程序

站前人工折返作业(CBTC模式)程序见表2-14,流程概述如下。

站前人工折返作业(CBTC模式)程序　　　　表2-14

| 作业项目 | 到达司机 | 接车司机 |
|---|---|---|
| 准备工作 | 1. 原则上,在终点站前一站出站确认出站广播无误后,用无线手持台呼:"××站接车司机站前折返,准备接车" | 2. 核对所接车次的到达时间,听到到达司机呼唤后回呼:"××站前折返,接车司机收到",立即准备接车。<br>注意:接车位置靠上/下行发车方向司机室的第一对站台门、客室门 |

续上表

| 作业项目 | 到达司机 | 接车司机 |
|---|---|---|
| 开门 | 3. 按相应驾驶模式下的站台作业标准执行,在站台确认客室门、站台门打开后,监控乘客的上下车情况 | 4. 列车停稳开门后,确认第一对客室门、站台门开启,从客室经隔间门进入后端司机室,按压司机对讲,用司机室对讲通知:"接车司机已上车",确认各设备柜旁路及旋钮开关、广播设置、监听音量、门模式正确 |
| 交接换端 | 5. 确认并复诵:"接车司机已上车",双手柄回0位,关闭并拔出司控器钥匙,手指钥匙孔,用司机室对讲与接车司机联控:"钥匙已关"。<br>8. 通过车辆屏确认接车端钥匙已开,手指车辆屏接车端图标显示,用司机室对讲复诵"钥匙已开"后,与接车司机进行交接 | 6. 通过车辆屏确认到达端钥匙已关,手指车辆屏到达端图标显示,用司机室对讲复诵:"钥匙已关"。<br>7. 开启主控钥匙,方向手柄打至向前位,主控手柄拉至快制位,用司机室对讲与接车司机联控:"钥匙已开"。<br>9. 通过司机对讲复诵交接内容 |
| 关门动车 | 10. 交接完毕后,整理个人行车备品,从司机室隔间门进入客室,关闭并反推确认锁闭良好下车后,用对讲机与接车司机联控:"到达司机已下车"。然后到换乘休息室待乘 | 11. 确认站停时间到、乘客上下车完毕,按照相应模式下的站台作业标准执行。其间与到达司机联控并复诵:"到达司机已下车" |

(1)准备工作。到达司机在终点站前一站出站后,确认出站广播无误,然后使用无线手持台通知接车司机准备接车。接车司机核对即将到来的列车的到达时间,并在听到到达司机的通知后立即准备接车。

(2)开门。到达司机根据指定的驾驶模式,确保车门和站台门都已打开,并监控乘客的上下车情况。接车司机进入司机室,确认车门和站台门均已打开,并进行必要的设备检查和设置。

(3)交接换端。到达司机与接车司机确认并复诵"接车司机已上车",然后进行钥匙操作和其他相关操作。接车司机根据屏幕提示进行钥匙操作,并与到达司机确认。

(4)关门动车。到达司机交接完成后,整理个人物品并进入客室,确保车门已锁好,并与接车司机确认自己已下车。接车司机确认站停时间到、乘客上下车完毕,并按照指定的驾驶模式进行相应的操作。

注意事项:

(1)如果是原班折返,应该先完成开门作业,然后再进行换端折返。

(2)在开启站台门时,应该与交班司机进行互控,确保站台门先开启,然后再开启客室门(除非站台门突发故障)。

3. 站前人工折返作业(非CBTC模式)程序

站前人工折返作业(非CBTC模式)程序见表2-15,流程概述如下。

(1)准备工作:到达司机在终点站前一站出站后,用800MHz电台呼叫接车司机准备接车。接车司机核对即将到来的列车的到达时间,并提前1min到指定位置准备接车。

(2)开门:到达司机在列车运行至终点站后,按指定的驾驶模式开启站台门和客室门。接车司机在指定位置上车,并通过隔间门进入司机室。

**站前人工折返作业(非CBTC模式)程序** 表2-15

| 作业项目 | 到达司机 | 接车司机 |
|---|---|---|
| 准备工作 | 1. 原则上,在终点站前一站出站后,用800MHz电台呼:"××站接车司机准备接车" | 2. 核对所接车次的到达时间,比照到达时间提前1min到接车位置接车,听到到达司机呼唤后回呼:"××站接车司机收到",然后立即准备接车。<br>注意:接车位置靠上/下行发车方向司机室的第一对站台门、客室门 |
| 开门 | 3. 在列车运行至终点站对标停稳后,按相应驾驶模式下的站台作业标准执行。将对应站台门、客室门打开 | 4. 在列车停稳后,接车司机在接车位置上车,通过隔间门进入司机室 |
| 换端交接 | 6. 收到接车司机通知:"接车司机已上车,收到"。<br>7. 关闭并拔出司控器钥匙,手指钥匙孔,用司机室对讲与接车司机联控:"钥匙已关"。<br>10. 通过车辆屏确认接车端钥匙已开,手指车辆屏接车端图标显示,用司机室对讲复诵:"钥匙已开"后,与接车司机进行交接。<br>注意:非限模式运行时,复诵接车司机"ATP已切除",经行车调度员同意后再恢复本端ATP | 5. 用司机对讲与到达司机联控:"接车司机已上车"。<br>8. 通过车辆屏确认到达端钥匙已关,手指车辆屏到达端图标显示,用司机室对讲复诵:"钥匙已关"。<br>9. 开启主控钥匙,将方向手柄打至向前位,主控手柄拉至快制位,用司机室对讲与接车司机联控:"钥匙已开"。<br>11. 通过司机对讲复诵交接内容。<br>注意:非限模式运行时,应经行车调度员授权后,先将本端ATP切除后再交接 |
| 关门动车 | 12. 在交接完后,整理个人行车备品,从司机室隔间门进入客室,关闭并反推确认锁闭良好,下车后,用对讲机与接车司机联控:"××站到达司机已下车"。在站台监控乘客乘降,直至列车动车并出清站台后,到换乘休息室待乘 | 13. 接到"××站到达司机已下车"的通知后。按相应驾驶模式下的站台作业标准执行关门作业。上站台进行立岗,确认站台门、客室门关好,空隙安全,CCTV无异常。确认信号、道岔、进路、站务人员"好了"手信号正确后动车 |

(3)换端交接:到达司机与接车司机通信并确认接车司机已上车,然后进行钥匙操作和其他相关操作。接车司机根据屏幕提示进行钥匙操作,并与到达司机确认。

(4)关门动车:到达司机交接完成后,整理个人物品并进入客室,确保车门已锁好,并与接车司机确认自己已下车,然后监控乘客的乘降情况,直至列车离站。接车司机在收到到达司机下车的通知后,按照指定的驾驶模式进行关门作业,并确保一切安全后开始运行列车。

注意事项:

(1)在非限制模式进站和非限制模式出站时,应先完成开关门作业,经行车调度员授权后恢复本端ATP,然后由接车司机激活司机室。在ATP成功恢复后,按行车调度员指示执行。

(2)操作任何开关或主控钥匙时,必须手指口呼进行确认。

(3)如果需要操作PSL盘,操作完成后应立即复位。

# 技能工作页

## 知识巩固

姓名:_____ 班级:_____ 学号:_____
训练起止时间:_____时_____分至_____时_____分 用时:_____时_____分

### 一、填空题

1. ATS 系统是"_____"的缩写。
2. ATP 系统通过监视和控制列车的速度,确保列车不会因为_____或与其他列车碰撞而发生事故。
3. ZC 子系统是 CBTC 系统中 ATP 系统的_____部分。
4. 在 FAM 模式站前折返作业程序中,到达司机在列车到站并_____后,确保车门和站台门都已打开。
5. 在 FAM 模式站前折返作业程序中,接车司机在列车停稳并开门后,使用_____通知到达司机:"××站接车司机已上车"。
6. 在站后人工折返作业程序中,接车司机需要提前_____min 做好接车准备。
7. 到达司机在列车到站并停稳后下车,并与接车司机联系,确认_____。
8. 在非 CBTC 模式下,到达司机在终点站前一站出站后,用_____呼叫接车司机准备接车。

### 二、选择题

1. 城市轨道交通列车的折返作业是指(　　)。
   A. 列车在起点站完成行驶方向的改变
   B. 列车在终点站或特定的折返站完成行驶方向的改变
   C. 列车在中间站完成行驶方向的改变
   D. 列车在任意站点完成行驶方向的改变
2. 在 ATB 自动折返功能中,(　　)模式需要司机手动按压 ATB 按钮触发。
   A. ATO 模式　　　　　　　　B. ATP 模式
   C. CBTC 模式　　　　　　　 D. ATB 模式
3. 城市轨道交通列车折返作业的(　　)分类是基于车站折返线设置位置。
   A. 站前折返　　　　　　　　B. 终点站折返
   C. 单向折返　　　　　　　　D. 中间站折返
4. 在 FAM 模式站后折返作业程序中,到达司机在(　　)站出站后,使用随身的 800MHz 电台通知接车司机。

A. 折返站前的一个站 B. 折返站后的一个站
C. 折返站 D. 折返站前的两个站

5. 在FAM模式站后折返作业程序中,接车司机在列车停稳并开门后,应进入(　　)司机室。
   A. 运行端司机室 B. 尾端司机室
   C. 中间司机室 D. 前端司机室

6. 在FAM模式站前折返作业程序中,到达司机与接车司机之间的交接是通过(　　)方式完成的。
   A. 面对面交接 B. 通过电话交接
   C. 通过随身的800MHz电台交接 D. 通过书面交接

7. 在站后人工折返作业程序中,接车司机在列车停稳后需要确认的是(　　)。
   A. 列车与站台之间的空隙是否安全 B. 第一对客室门和站台门都已打开
   C. 列车状态良好 D. 列车已经离开站台

8. 在站前人工折返作业(CBTC模式)程序中,到达司机在(　　)站点用无线手持台通知接车司机。
   A. 终点站 B. 起始站
   C. 终点站前一站 D. 终点站后一站

9. 在站前人工折返作业中,接车司机需要确认的设备包括(　　)。
   A. 广播设置 B. 空隙安全
   C. 列车状态 D. 列车到达时间

三、判断题

1. 在ATB模式下,ATO将自动选择控制司机室并驾驶列车运行至折返区域。（　　）
2. ATS系统的主要功能是列车自动驾驶。（　　）
3. ATP系统的主要目的是控制列车自动运行。（　　）
4. CI系统确保任何给定时刻,只有一条进路是有效的。（　　）
5. 车载控制器(CC)不与地面设备(如ZC)进行通信。（　　）
6. 在非全自动运行条件下的折返作业中,到达司机在列车在站台对标停稳并开门后,不需要下车。（　　）
7. 站前折返是在列车到达终点站之前进行的。（　　）
8. 在FAM模式站后折返作业程序中,到达司机在列车到站并开门后,不需要确保车门和站台门都已打开。（　　）
9. 在FAM模式站前折返作业程序中,到达司机与接车司机之间的交接是通过面对面交接完成的。（　　）
10. 在站后人工折返作业程序中,到达司机需要确认列车与站台之间的空隙是否安全。（　　）
11. 在站前人工折返作业(CBTC模式)程序中,到达司机在终点站前两站通知接车司机。（　　）
12. 在站前人工折返作业中,接车司机需要确认列车状态良好。（　　）

### 四、简答题

1. 简述站后人工折返作业程序中到达司机和接车司机的关门操作步骤。

_____
_____
_____

2. 在站前人工折返作业(非CBTC模式)程序中,简述到达司机和接车司机的换端交接步骤。

_____
_____
_____
_____

## 技 能 训 练

姓名：_____ 班级：_____ 学号：_____

训练起止时间：_____时_____分至_____时_____分 用时：_____时_____分

你是一名城市轨道交通列车驾驶员，列车刚刚完成了从车站A到车站B的运行任务，列车已安全停靠在车站B的站台。接下来，你将进行一次站后自动折返作业。列车处于CBTC系统的自动驾驶ATO模式下，请根据所学内容将表2-16补充完整。

**站后自动折返作业程序**　　　　　　　　　　　　　　　　　　　　　　表2-16

| 作业项目 | 到达司机 | 接车司机 |
|---|---|---|
| 准备工作 |  |  |
| 开门 | 2. 按相应驾驶模式下的站台作业标准执行，在站台确认客室门、站台门打开后，监控乘客的上下车情况 |  |
| 关门 | 4. 确认并复诵："接车司机已上车"，确认车站人员清客"好了"信号，后续按相应驾驶模式下的站台作业标准执行关门 |  |
| 空隙确认 | 6. 手指确认空隙无夹人、夹物，口呼："空隙安全" |  |
| 折返准备 | 8. 进入司机室，将双手柄置于0位，关闭主控并拔出钥匙，按压自动折返按钮 |  |
| 进折返线 | 9. 手指确认前方信号机显示正常、道岔位置正确，口呼："灭灯、道岔好"，按压ATO启动按钮至列车速度达到10km/h后方可松开。到达司机在进折返线过程中与接车司机进行交接 |  |
| 出折返线 | 12. 列车出折返线动车后，整理个人行车物品，从司机室隔间门进入客室，关闭并反推确认隔间门锁闭良好，做好下车准备 |  |
| 站台作业 | 14. 到达司机在列车在站台对标停稳并开门后下车，并用对讲机与接车司机联控："到达司机已下车"。然后到换乘休息室待乘 |  |

# 评 价 反 馈

## 一、自我评价

根据本任务的学习情况,请在已完成的知识点和技能点前的方框内打"√"。

☐了解非全自动运行条件下的折返作业的定义。

☐了解ATB自动折返功能。

☐掌握全自动运行条件下(FAM模式)的折返驾驶作业。

☐掌握站后人工折返作业程序。

☐掌握站前人工折返作业(CBTC模式)程序。

☐掌握站前人工折返作业(非CBTC模式)程序。

☐工作页完成并提交。

☐工作页未完成,未完成的原因:_____。

## 二、教师评价

1. 课后习题

☐已完成并提交。

☐未完成,未完成的原因:_____。

2. 作业工作页

☐已完成,质量较好。

☐已完成,质量一般。

☐未完成,未完成的原因:_____。

3. 7S评价

☐工具、学习资料摆放整齐。

☐环境整齐、干净。

## 任务四 交接班作业

### 任务引导

交接班作业是确保城市轨道交通运营连续性和安全性的关键环节，内容主要为信息传递和列车状态确认。在交接班过程中，交班司机和接班司机之间需要进行详细的工作交接，包括列车状态、设备运行情况、线路状况、当前调度指令及任何异常或注意事项。其中包括口头交接和书面记录，并且需要严格按照操作规范进行，确保所有关键信息正确传达。

某城市城市轨道交通系统的正线上，一列完成了正常运营的列车已安全停靠在终点站站台。列车处于自动驾驶（ATO）模式，由基于通信的列车控制系统（CBTC）管理。此时列车已完全停止，车门打开，乘客正在下车。当前司机即将结束自己的工作班次，下一班司机将接管列车，继续后续的运营任务。为了确保列车的持续安全运行，交接班程序必须严格按照标准作业流程执行，包括列车状态检查、设备功能确认、运行记录填写以及交接内容的清晰传达，下面将详细介绍交接班作业内容。

### 课前思考

1. 城市轨道交通列车司机什么时间进行交接班？
2. 城市轨道交通列车司机交接班程序是什么？

### 理论储备

#### 一、交接班作业的原则

没有接班司机接车时不能交班，没有接班司机复诵交班内容时不能交班；交班司机没有把本班运行情况交接清楚时不能交班。

#### 二、交接班作业的内容

交接班作业的内容包括：列车车次，行车调度员命令，车辆、线路等与行车相关设备设施的状态，其他行车安全注意事项。

#### 三、交接班作业的注意事项

（1）交接制度遵循。司机只能在列车完全停稳后上车或下车。如果没有接班司机接车，或者接班司机没有复诵交班内容，司机不能交班。司机在交班前必须完整清晰地交代本班次的运行情况。

（2）有车必有人原则。如果没有人来接车，到达司机应该继续驾驶列车，并及时通知当值队长。当值队长应该进行相应的调度安排。

（3）接车与上车姿势。司机在接车时，左手持司机包，右手保持立正姿势并面对站台门。

如果有多于1人接车,他们应该并排站立。司机应该等待乘客完全上下车后再上车。

(4)安全注意事项。司机在关闭司机室隔间门时,应确保没有夹伤乘客,并确保乘客不会误入司机室。进入司机室前,应该确保没有乘客尾随。如果有人非法进入司机室,应该将其阻挡在外,防止任何不良事件。

(5)面对面交接。到达司机和接车司机应该面对面进行交接,确保双方都清楚了解交接的内容。

(6)交接内容。交接内容应该包括列车车次、行车调度员命令、车辆状态、线路状态以及与行车相关的设备状态。标准的交接语言是:"××次,车况良好(如果有故障则说明),运行正常(如果有异常则说明),无调令(如果有调令则说明),交接完毕"。

### 四、交接班作业的程序

终点站交接班作业见任务三中的终点站折返作业程序。在中间站的司机交接过程中到达司机和接车司机都有一系列明确的工作职责需要遵循。中间站司机交接班作业程序见表2-17。

中间站司机交接班作业程序    表2-17

| 作业项目 | 到达司机 | 接车司机 |
| --- | --- | --- |
| 准备工作 | 在交接站前一站按规定将行车备品、状态卡摆放整齐,做好后续交接班准备 | 核对所接车次的到达时间,提前1min到达所接车次前进方向第一个站台门处立岗接车 |
| 开门 | 按相应驾驶模式下的站台作业标准执行,在站台确认客室门、站台门打开,打开端门让接车司机进入司机室 | 列车停稳并开门后,通过端门进入司机室,并检查行车备品是否齐全(无线手持台、主控钥匙、方孔钥匙、手电筒、状态卡、时刻表等) |
| 交接作业 | 返回司机室与接车司机进行交接。交接内容包括行车调度员命令、列车车次、车辆状态、行车备品(无线手持台、主控钥匙、方孔钥匙、时刻表等)、列车正晚点及其他安全注意事项等 | 接车司机与到达司机进行交接 |
| 关门 | 带齐个人物品离开站台,在列车前进方向第一个站台门处立岗,监控接车司机站台作业关门及站台情况 | 在交接作业完成后,按照规定摆放好行车备品,返回司机立岗处,待站停时间到后,按规定进行关门作业 |
| 动车 | 待列车正常发出,尾部完全出清站台区域后,方可前往派班室 | 站台作业完毕,返回司机室后,按照相应的驾驶模式动车 |
| 正线退勤 | 将司机报单交至当值队长/派班员处,在出退勤一体机上签退(出退勤一体机故障时,填写电客车司机出退勤登记簿),当值队长/派班员在电客车司机日志、司机报单上盖章确认 | |

(1)准备工作。到达司机在交接站前的一个站点应按规定整理并放置行车备品和状态卡,为后续的交接班做好准备。接车司机则需要核对即将接手的车次的到达时间,并提前1min到达所接车次前进方向的第一个站台门处,为立岗接车做好准备。

（2）开门。到达司机须按照相应的驾驶模式下的站台作业标准执行,在站台上确认客室门和站台门已打开,并打开端门,以便接车司机进入司机室。接车司机在列车停稳并开门后,通过端门进入司机室,并检查行车备品(如无线手持台、主控钥匙、方孔钥匙、手电筒、状态卡、时刻表等)是否齐全。

（3）交接作业。到达司机返回司机室与接车司机进行交接。交接的内容包括行车调度员命令、列车车次、车辆状态、行车备品以及其他列车的时效和安全注意事项。接车司机与到达司机完成交接工作。

（4）关门。到达司机带着个人物品离开并立岗于列车前进方向的第一个站台门处,监控接车司机站台的关门作业以及站台上的情况。接车司机在交接完成后,应按照规定放置好行车备品,返回到司机立岗的位置,并在站停时间结束时按规定进行关门作业。

（5）动车。到达司机需要等待列车正常发车,并确认列车尾部完全离开站台区域后,方可前往派班室。接车司机在站台作业完毕并返回司机室后,按照相应的驾驶模式启动列车。

（6）正线退勤。到达司机需要将司机报单提交给当值的队长或派班员,并在出退勤一体机上签退。如果出退勤一体机出现故障,他需要在电客车司机出退勤登记簿上进行填写。随后,当值队长或派班员会在电客车司机日志和司机报单上盖章以确认。

> **行业榜样**
>
> ### 北京地铁司机:安全行驶100万km  书写地铁司机骄傲
>
> 100万km,相当于绕赤道25圈,是国内地铁安全行车最长的里程。与之相对应的是安全行车超过25000h,150万min。创造这个100万km纪录,比我们想象的要难太多!北京地铁有着非常苛刻的标准:列车晚点5min以上算事故;某个车门未关严,列车启动算事故;红灯动车算事故;停车超过规定线算事故……触犯一项,之前的安全纪录全部归零。100万km,对于有些地铁司机来说,是毕生难以企及的梦。
>
> "每一次出车,我们都要时刻保持警惕,及时发现行驶过程中的问题,果断利落地解决问题,绝不能有一丝一毫的放松。因为我们身后所承载的不只是上千位乘客的安全,更是上千个家庭的安危。司机对自己越严苛,一趟车一两千位乘客的生命安全才越有保障。责任感没有极限,越激发越强。"
>
> 三十多年来,廖明凭借着丰富的经验和认真细致的工作风格,避免了数不清的大小事故。
>
> 廖明先后被评为"全国劳动模范"及"国企楷模北京榜样"十大人物称号。面对荣誉,廖明的回答只有一句话:"我只是众多地铁司机中的一个缩影,我真的没做什么特别的,保证乘客出行安全是我的责任。"
>
> 对于安全,廖明一直秉承着"安全行车无小事"和"运营1min,安全60s"的理念,安全行车里程达到100万km;对于服务,他深知自己的岗位是北京地铁的窗口,一言一行都关系北京地铁的形象,"文明执乘为乘客,安全位移保正点"是他始终坚守的服务信条。

廖明(图2-9)每天驾驶列车往返在地铁13号线上,42km一圈,64次开门、关门,100次主手柄操纵,300次呼唤应答,工作三十多年,这套规定动作从没有出现过错误。他用最平凡的坚守,书写着一名地铁司机的骄傲。

图2-9　北京地铁司机廖明

（摘编自央视网,第329期）

# 技能工作页

## 知识巩固

姓名：_____ 班级：_____ 学号：_____
训练起止时间：____时____分至____时____分 用时：____时____分

### 一、填空题

1. 在交接班作业中，到达司机需要在交接站前的一个站点整理并放置_____和_____。
2. 如果没有接班司机接车，或者接班司机没有复诵交班内容，司机_____。
3. 在交接班作业中，接车司机在列车停稳后，通过_____进入司机室。
4. 在交接班作业中，到达司机需要将_____提交给当值队长或派班员。
5. 在非限制模式进站和非限制模式出站时，应先完成_____作业。

### 二、选择题

1. 在交接班作业中，到达司机在（　　）位置进行立岗。
   A. 列车尾部　　　　　　　B. 列车前进方向的第一个站台门处
   C. 司机室　　　　　　　　D. 派班室
2. 在交接班作业中，接车司机需要核对（　　）。
   A. 发车时间　　B. 到达时间　　C. 休息时间　　D. 换班时间

### 三、判断题

1. 在交接班作业中，到达司机在交接站前的一个站点应按规定整理并放置行车备品和状态卡。（　　）
2. 接车司机在交接班作业中不需要检查行车备品是否齐全。（　　）
3. 在交接班作业中，到达司机不需要与接车司机进行交接。（　　）
4. 在交接班作业中，接车司机不需要核对所接车次的到达时间。（　　）
5. 在交接班作业中，到达司机在交接结束后可以直接离开，不需要监控乘客的乘降情况。（　　）

### 四、简答题

简述在交接班作业中到达司机和接车司机的基本职责和步骤。

_____
_____
_____
_____

# 技 能 训 练

姓名：_____ 班级：_____ 学号：_____
训练起止时间：_____时_____分至_____时_____分 用时：_____时_____分

城市轨道交通线路的某一中间站是司机交接班车站。当前司机驾驶的列车按时停靠在该站，列车状态良好。按照运营计划，司机将在此站与下一班司机进行交接，确保列车继续按照时刻表运行。在交接过程中，司机需要确认列车的安全状态、记录本段行程中的运行情况，并将所有相关信息清楚地传达给接班司机。请按照所学内容将表2-18填写完整。

中间站司机交接                                            表2-18

| 作业项目 | 到达司机 | 接车司机 |
|---|---|---|
| 准备工作 | 在交接站前一站按规定将行车备品、状态卡摆放整齐，做好后续交接班准备 | |
| 开门 | 按相应驾驶模式下的站台作业标准执行，在站台确认客室门、站台门打开，打开端门让接车司机进入司机室 | |
| 交接作业 | 返回司机室与接车司机进行交接。交接内容包括行车调度员命令、列车车次、车辆状态、行车备品（无线手持台、主控钥匙、方孔钥匙、时刻表等）、列车正晚点及其他安全注意事项等 | |
| 关门 | 带齐个人物品离开站台，在列车前进方向第一个站台门处立岗，监控接车司机站台作业关门及站台情况 | |
| 动车 | 待列车正常发出，尾部完全出清站台区域后，方可前往派班室 | |
| 正线退勤 | 将司机报单交至当值队长/派班员处，在出退勤一体机上签退（出退勤一体机故障时，填写电客车司机出退勤登记簿），当值队长/派班员在电客车司机日志、司机报单上盖章确认 | |

# 评 价 反 馈

## 一、自我评价

根据本任务的学习情况,请在已完成的知识点和技能点前的方框内打"√"。
☐ 了解交接班作业的定义。
☐ 掌握交接班作业的注意事项。
☐ 掌握交接班作业的程序。
☐ 工作页完成并提交。
☐ 工作页未完成,未完成的原因:_____。

## 二、教师评价

1. 课后习题

☐ 已完成并提交。
☐ 未完成,未完成的原因:_____。

2. 作业工作页

☐ 已完成,质量较好。
☐ 已完成,质量一般。
☐ 未完成,未完成的原因:_____。

3. 7S 评价

☐ 工具、学习资料摆放整齐。
☐ 环境整齐、干净。

# 项目三
## 非正常情况下的列车驾驶作业

### 项目描述

在城市轨道交通列车运行过程中,可能会出现各种非正常情况,包括信号系统故障、制动系统失效、通信中断、轨道上的障碍物、恶劣天气、乘客突发疾病或车厢内的火警等。面对这些突发状况,列车司机的首要任务是确保所有乘客的安全。为此,司机需要迅速调整行驶速度,启动备用或紧急系统,与调度中心或其他相关单位取得紧密联系,并根据实际情况进行决策,采取非正常的驾驶模式快速处置。

### 情境导入

为提高各岗位行车人员的综合业务能力,检验各岗位应急处置、联动配合能力,巩固行车应急预案时机操作熟练程度,某地铁公司6号线于8月25日运营结束后开展电话闭塞法、手摇道岔等非正常行车综合演练。在这些非正常情况下,司机如何操作才能保证列车运行?

### 学习目标

**知识目标**

1. 掌握列车对标不准的处理原则。
2. 掌握列车推进运行原则。
3. 掌握列车反方向运行的处理原则。
4. 掌握列车退行的处理原则。
5. 掌握电话闭塞法行车的流程。
6. 掌握特殊天气行车原则。
7. 掌握清客的流程和原则。

**能力目标**

1. 具备正确处理列车对标不准的能力。
2. 具备驾驶列车推进运行的能力。
3. 具备驾驶列车反方向运行的能力。
4. 具备驾驶列车退行的能力。

5. 具备列车电话闭塞法行车的能力。
6. 具备特殊天气下正确驾驶列车的能力。
7. 具备临时运营调整情况下的驾驶列车的能力。
**素质目标**
1. 培养列车驾驶"安全行车"的意识。
2. 培养学生具有列车司机的职业素养。
3. 培养学生处置突发事件的能力。

## 任务一 列车未对准站台停车标的处置作业

### 任务引导

列车未对准站台停车标的处置作业是城市轨道交通运营中重要的应急处理环节,其目的在于快速纠正列车停靠位置偏差,确保乘客安全上下车。司机在发现列车未对准停车标时,应立即采取相应措施,如重新启动列车进行微调,或在必要时向调度中心报告情况以获取进一步指示。整个过程要求操作快速、准确,避免影响列车的正常运行和乘客的出行体验。

某地铁3号线是城市公共交通的主干线,日均客流量已超过130万,单向最大断面客流达每15min1.35万人次,高峰期行车间隔1min58s。如此大客流、高密度的运营对列车的停车精度提出了更高的要求。因站台配备了屏蔽门,面对大客流、高密度的运营,冲标严重影响了正线运营。那么列车冲标后,司机该怎么处理呢?

### 课前思考

1. 城市轨道交通车辆非全自动运行条件下的对标不准的定义是什么?
2. 非全自动运行条件下的列车对标不准处理流程是什么?
3. 全自动运行条件下的对标不准处理流程是什么?

### 理论储备

#### 一、非全自动运行条件下的对标不准作业

1. 对标不准的定义

对标不准是指当电客车以自动驾驶或手动驾驶方式运行进入站台、存车线、折返线,但停车位置未停于规定位置处。对标不准具体分为欠标和冲标两种情况。

2. 非全自动运行条件下列车对标不准的处理流程

1)欠标

列车停稳后,司机室侧窗未对准停车标,且信号屏无绿色小车图标显示,司机通过侧窗判断列车欠标;司机立即以较小牵引力动车进行二次对标,对标完成后,应立即进行站台作业,

站台作业完毕动车后,报行车调度员。

2)冲标

司机通过侧窗判断列车未对准停车标,信号屏无绿色小车图标显示,将主控手柄置于快制位,通过侧窗判断冲标距离并报告行车调度员。冲标5m以下时,经行车调度员同意后以RM模式后退对标。将主控手柄回0位,方向手柄置于向后位,将主控手柄置于快制位缓解紧制,小牵引动车后退对标。对标停稳后确认绿色小车图标,将主控手柄回0位,方向手柄置于向前位,将主控手柄置于快制位,确认车门使能后,按压开门按钮开门。完成站台作业后,司机进入司机室,确认信号已开放,动车前行并报行车调度员。当列车越过停车标5m及以上时,司机报行车调度员,按行车调度员指示执行。

## 二、全自动运行条件下的对标不准作业

1. 全自动运行条件下(FAM模式)的对标不准处理流程

1)欠标

列车进站停车欠标(信号屏右上角显示红色小车图标),将自动再次运行对标。若列车未继续运行对标,则立即报告行车调度员并申请退出全自动运行模式,激活主控并将方向手柄打至向前位、门模式打至MM位,以CM-C模式人工对标,司机做好乘客广播。

2)冲标

当列车进站停车越标5m以内时(信号屏右上角显示黄色小车图标),自动进入跳跃模式后退对标。若跳跃模式异常或自动对标未成功,则立即报告行车调度员并申请退出全自动运行模式,激活主控并将方向手柄打至向后位、门模式打至MM位,以CM-C模式后退对标(CM-C模式不具备时采用RM、非限模式),司机做好乘客广播。

当列车进站停车越标5m以上时(信号屏右上角显示红色小车图标),原则上,列车不开门继续运行至前方站(首、末班车或乘客无返乘条件的载客列车转非限模式退行对标),司机做好乘客广播。列车施加紧急制动不可缓解,司机按行车调度员命令退出全自动运行模式,转RM模式缓解紧急制动,经行车调度员同意后以RM模式动车。

2. 非全自动运行条件下(非FAM模式)的对标不准处理流程

1)欠标

进站停车欠标时,司机确认运行无异常后,将门模式打至MM位,以CM-C/CM-I模式对标开门后报行车调度员。

2)冲标

当列车进站停车越标5m以内时(信号屏右上角显示黄色小车图标),司机应立即报告行车调度员,经行车调度员同意后,将方向手柄打至向后位、门模式打至MM位,以CM-C/CM-I模式(CM模式不具备时采用RM、非限模式)后退对标,司机做好乘客广播。

当列车越过停车标停车5m以上时(信号屏右上角显示红色小车图标),原则上,行车调度员组织列车不开门,继续运行至前方站(首、末班车或乘客无返乘条件的载客列车转非限模式退行对标),若列车超出可退行范围,司机应立即报告行车调度员按其要求执行。司机做好乘客广播。后退时,将方向手柄打至向后位,列车保持原驾驶模式后退,最大退行速度5km/h,最大

退行距离 5m。当列车超过最大退行限速时,列车触发超速紧急制动,停车后紧急制动自动缓解。当列车超过最大退行距离时,列车触发紧急制动且紧急制动不可缓解,需重新断合主控缓解紧急制动,若无效则需切除 ATP 缓解紧急制动。

### 前沿技术

#### 城市轨道交通全自动运行技术

近年来,我国城市轨道交通持续高速发展,线网规模和客流规模均已位居世界前列,这一发展为缓解我国城市交通拥堵、提高乘客出行效率、推动绿色低碳出行和建设交通强国发挥了重要作用。在此过程中,全自动运行系统均已经在城市轨道交通中得到了广泛应用,该系统能够在无司机或司乘人员干预的情况下确保列车全过程安全、可靠、稳定运行,为构建智慧、绿色的城市轨道交通体系发挥了重要作用。

当全自动运行的列车出现无法维持运行的车辆故障时,以某地铁公司为例,全自动运行模式时,前 2min 由行车调度员进行远程故障处理,后 6min 由司机负责应急处理,并由轮值人员指导处理;非全自动运行模式时,前 3min 由司机负责应急处理,后 5min 由轮值人员指导处理;如处理时间超过 8min,由当值值班主任视情况决定组织强制救援。若列车故障未完全消除,但仍可维持运行,且条件允许时(以行车调度员通知为准),车辆故障由轮值人员安排驻站检修人员在最近的前方车站登乘处理。

# 技能工作页

## 知 识 巩 固

姓名：_____ 班级：_____ 学号：_____
训练起止时间：____时____分至____时____分 用时：____时____分

### 一、填空题

1. 当电客车以自动驾驶或手动驾驶方式运行进入站台、存车线、折返线,但停车位置未停于规定位置处,这种情况称为_____。
2. 在非全自动运行条件下,当列车进站停车欠标时,司机应立即进行_____对标。
3. 在全自动运行条件下,当列车进站停车越标5m以内时,系统会自动进入_____模式后退对标。

### 二、选择题

1. 对标不准具体分为( )两种。
   A. 超标和欠标    B. 冲标和欠标    C. 停标和冲标    D. 停标和欠标
2. 在全自动运行条件下(FAM模式)的对标不准处理流程中,当列车进站停车越标5m以上时,原则上,列车应( )。
   A. 立即后退对标              B. 不开门,继续运行至前方站
   C. 立即开门并让乘客下车      D. 立即报告行车调度员并等待指示

### 三、判断题

1. 在全自动运行条件下,当列车进站停车欠标时,系统会自动再次运行对标。（　）
2. 在非全自动运行条件下,冲标5m以下时,司机可以直接后退对标,无须报告行车调度员。（　）
3. 在全自动运行条件下,当列车进站停车越标5m以上时,原则上,列车应立即后退对标。（　）
4. 在非全自动运行条件下,当列车冲标5m以上时,司机应立即报告行车调度员。（　）

### 四、简答题

简述全自动运行条件下(FAM模式)的对标不准处理流程。

# 技 能 训 练

姓名：_____ 班级：_____ 学号：_____
训练起止时间：_____时_____分至_____时_____分 用时：_____时_____分

某日，城市轨道交通××站台迎来了早高峰，作为城市轨道交通电客车司机的小王正在以CBTC-ATO模式驾驶列车进站，对标停车时，发生列车冲标4m。请根据所学知识，将表3-1中的操作流程和手指口呼标准补充完整。

**CBTC-ATO模式下的站台作业实操训练** 表3-1

| 序号 | 操作阶段 | 条件 | 操作内容 | 司机动作 | 手指口呼 |
|---|---|---|---|---|---|
| 1 | 进站前 | 列车到达站名标 | 确认站名 | | |
| | | 车头进入站台尾端 | 确认出站信号机显示 | | |
| | | | 加强对站内进路的瞭望，密切留意线路及车辆状态 | | — |
| 2 | 对标停车 | 列车冲标4m | | | |
| 3 | 停车开门 | ATPM模式，门模式在MM位 | 确认门模式和站台图标 | | |
| | | | 开门作业 | | |
| 4 | 上站台 | — | 确认"站台门开门"指示灯亮 | | |
| | | | 监控乘客乘降 | | — |
| 5 | 关门并确认空隙 | DTI倒计时显示15~18s | 准备关门 | | |
| | | 按压客室门"关门"按钮（按压2s以上） | 关闭客室门 | | |
| | | — | 确认所有门状态 | | |
| | | | 确认空隙安全 | | |
| 6 | 进司机室 | — | 确认站台门状态和站台情况 | | — |
| | | | 确认所有人员已上车，锁好司机室侧门 | | — |
| | | | 再次确认车辆和信号状态 | | |
| | | | 确认推荐速度 | | |
| 7 | 动车 | 坐稳 | 准备启动 | | — |

# 评价反馈

## 一、自我评价

根据本任务的学习情况,请在已完成的知识点和技能点前的方框内打"√"。
□了解对标不准的定义。
□掌握非全自动运行条件下的列车对标不准处理流程。
□掌握全自动运行条件下(FAM模式)的对标不准处理流程。
□掌握非全自动运行条件下(非FAM模式)的对标不准处理流程。
□工作页完成并提交。
□工作页未完成,未完成的原因:_____。

## 二、教师评价

1. 课后习题

□已完成并提交。
□未完成,未完成的原因:_____。

2. 作业工作页

□已完成,质量较好。
□已完成,质量一般。
□未完成,未完成的原因:_____。

3. 7S评价

□工具、学习资料摆放整齐。
□环境整齐、干净。

## 任务二 列车推进运行作业

### 🜂 任务引导

推进运行在城市轨道交通中起到至关重要的作用。当列车因技术故障或其他原因停止时，推进运行提供了一种应对突发事件的方法，从而避免长时间中断服务并确保乘客的安全。它不仅有助于维持运营的顺畅，避免整个线路的交通瘫痪，还可以快速将车辆移至安全地点，减少对其他列车和乘客的影响。与等待专门的救援车辆相比，利用推进运行更为快捷，从而节省时间和资源，进一步降低可能的经济损失。推进运行是城市轨道交通应急处置中的关键措施，对于维护正常运营和保障乘客安全至关重要。

在城市轨道交通的某一站台上，一列列车因前端司机室司机台故障，无法正常继续行驶。为了解决这一故障，行车调度员决定安排前端的司机 A 担任引导员，而后方的司机 B 则采用后退挡进行推进运行。请问：尾端司机 B 在看不到前方线路状况情况下，如何保证列车的安全行驶？

### 🜂 课前思考

1. 列车推进运行的定义是什么？
2. 列车推进运行的流程是什么？

### 🜂 理论储备

#### 一、推进运行的定义

在城市轨道交通中，推进运行通常指的是列车不能按照常规的前端司机室前向行驶，而是通过其后部司机室，采用后退驾驶模式反向推动列车前进。因为列车自身无法正常行驶或在其他特殊情况下才会被采用，因此，推进运行是让列车在非常规的方向或模式下行驶，需要有专门的引导员在前端对列车的行驶进行引导，确保安全。

在特定的情境中，如一列车出现故障不能继续正常前行，而后方有另一列正常运行的车辆，那么可以利用后方的车辆将故障的车辆连挂，并从后方对其进行推动，使其移动到下一个站点或其他安全地点。这种从后方对故障列车进行推动的行驶方式，也可以称为推进运行。

#### 二、推进运行的流程

列车需要推进运行时，按行车调度员命令以非限模式推进运行。当值电客车队长立即安排电客车司机在前端司机室引导（或由行车调度员安排经公司培训合格的车站人员引导）。无人引导时，因恶劣天气等原因难以辨认信号时，禁止推进运行。在 30‰ 及以上坡度推进运行时，要注意列车运行安全，禁止在该坡道上停车作业（被迫停车除外）。

（1）自身动力推进运行（司机需在尾端司机室）。根据行车调度员命令切除 ATP，将主控手柄回0位,方向手柄置于向后位,将主控手柄置于快制位缓解紧制,限速10km/h推进运行;到达指定位置后,根据引导员(引导员负责确认进路安全并与司机联控距离停车点位置,联控间隔不超过7s)的指引对标停车并报行车调度员,按行车调度员命令执行。自身动力推进运行示意图如图3-1所示。

图3-1　自身动力推进运行示意图(司机需在尾端司机室)

（2）连挂推进运行(电客车或工程车连挂推进):连挂推进运行时,电客车须切除ATP,两列电客车连挂好后,还须将连挂端司机室的救援模式旋钮打至"救援"位,合上救援模式开关,确认好自动车钩连接指示灯绿灯亮,被推进列车必须保持全部制动缓解;司机在推进列车连挂端司机室驾驶,引导员在被推进列车运行方向前端司机室引导;推进列车司机听从引导员指令动车;载客推进运行限速25km/h,并做好车厢广播安抚乘客,不载客推进运行限速30km/h;司机与引导员应不间断联控,听到引导员停车指令后立即停车。连挂推进运行示意图如图3-2所示。

图3-2　连挂推进运行示意图(电客车或工程车连挂推进)

## 技能工作页

## 知 识 巩 固

### 一、填空题

1. 推进运行是让列车在非常规的方向或模式下行驶,需要有专门的_____在前端对列车的行驶进行引导。

2. 在特定的情境中,如一列车出现故障并不能继续正常前行,而后方有另一列正常运行的车辆时,可以利用后方的车辆将故障的车辆_____,并从后方对其进行推动。

### 二、选择题

1. 推进运行通常是指( )。
   A. 列车按照常规的前端司机室前向行驶
   B. 列车通过其后部司机室,采用后退驾驶模式反向推动列车前进
   C. 列车在没有司机的情况下自动行驶
   D. 列车在故障时立即停车

2. 在推进运行中,当值电客车队长需要安排( )。
   A. 安排另一列车来接替
   B. 安排电客车司机在前端司机室引导
   C. 安排维修人员立即修复列车
   D. 安排乘客立即下车

### 三、判断题

1. 在推进运行中,列车可以按照常规的前端司机室前向行驶。 ( )
2. 在推进运行中,被推进列车必须保持全部制动缓解。 ( )
3. 在推进运行中,载客推进运行的限速高于不载客推进运行。 ( )
4. 在推进运行中,司机与引导员之间的联控可以间断进行。 ( )

### 四、简答题

1. 请简述推进运行的两种模式及其特点。

2. 在推进运行中,为什么需要引导员在前端对列车的行驶进行引导?

_____
_____
_____

## 技 能 训 练

姓名：_____ 班级：_____ 学号：_____

训练起止时间：_____时_____分至_____时_____分 用时：_____时_____分

某日，作为城市轨道交通电客车司机的小王正在以CBTC-ATO模式驾驶列车进站，完成站台作业后发现列车前端司机台故障，小王及时汇报给了行车调度员，行车调度员下令站台上的司机小李上车，在前端司机室担任引导员，小王进入尾端司机室采用推进模式使列车离开正线。请根据所学知识，将表3-2中的操作流程和手指口呼标准补充完整。

CBTC-ATO模式下的站台作业实操训练　　　　　　表3-2

| 序号 | 操作阶段 | 司机 | 引导员 |
|---|---|---|---|
| 1 | 动车前 | | |
| 2 | 运行过程中 | | |
| 3 | 对标停车 | | |

## 评 价 反 馈

### 一、自我评价

根据本任务的学习情况,请在已完成的知识点和技能点前的方框内打"√"。
□了解推进运行的定义。
□掌握推进运行的流程。
□工作页完成并提交。
□工作页未完成,未完成的原因:_____。

### 二、教师评价

1. 课后习题

□已完成并提交。
□未完成,未完成的原因:_____。

2. 作业工作页

□已完成,质量较好。
□已完成,质量一般。
□未完成,未完成的原因:_____。

3. 7S评价

□工具、学习资料摆放整齐。
□环境整齐、干净。

## 任务三　列车反方向运行作业

### 🔄 任务引导

反方向运行是指列车发生故障时紧急让列车运行起来的一种动车方式。该模式为城市轨道交通系统提供了灵活性和适应能力。反方向运行不仅是应急手段，更是提高系统效率和满足运营需求的重要方法。

在城市轨道交通的某一站台上，因前方线路故障，司机李师傅接到行车调度员的指令，要求列车进行反方向运行。为了确保安全，李师傅需要如何操作才能在线路相反方向上实现安全行车？

### 🔷 课前思考

1. 城市轨道交通列车反方向运行的定义是什么？
2. 列车反方向运行的流程是什么？

### ❇ 理论储备

#### 一、反方向运行的定义

城市轨道交通列车反方向运行是指在双线区间，列车的运行方向与线路规定的使用方向相反。反方向运行示意图如图3-3所示。

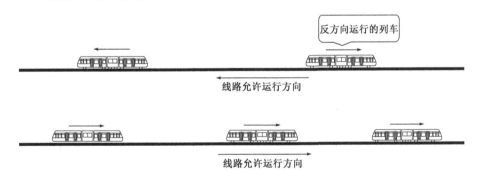

图3-3　反方向运行示意图

#### 二、反方向运行的流程

司机得到行车调度员反方向运行命令后与行车调度员明确驾驶模式，并做好乘客服务后立即换端，按行车调度员命令反方向运行。在列车反方向运行过程中，司机需加强瞭望确认好道岔位置、信号显示，并按规定速度运行。到达指定位置后，根据停车标（无停车标的，根据车载信号或地面信号）对标停车，停车后报行车调度员并按其命令执行。

除组织单线双向运行或开行救援列车外,原则上,载客列车不得反方向运行。反方向运行具备ATP防护时,电客车以ATP防护下的自动驾驶模式(ATO)或人工驾驶模式(PM)运行。遇ATP轨旁设备故障时,行车调度员通知司机以限制人工驾驶模式(RM)或非限模式运行。

## 技能工作页

### 知 识 巩 固

姓名：_____ 班级：_____ 学号：_____
训练起止时间：_____时_____分至_____时_____分 用时：_____时_____分

**一、填空题**

1. 反方向运行时，司机需加强瞭望确认好_____和_____。
2. 反方向运行具备ATP防护时，电客车可以以_____或_____运行。

**二、选择题**

反方向运行是指（　　）。
    A. 列车在单线区间运行
    B. 列车的运行方向与线路规定的使用方向相同
    C. 列车在双线区间，运行方向与线路规定的使用方向相反
    D. 列车在任何情况下都可以反方向运行

**三、判断题**

1. 反方向运行是指列车在双线区间，其运行方向与线路规定的使用方向一致。（　　）
2. 反方向运行时，司机不需要特别注意道岔位置和信号显示。（　　）
3. 原则上，载客列车可以随时进行反方向运行。（　　）
4. 反方向运行时，如果具备ATP防护，电客车可以选择自动驾驶模式进行运行。（　　）

**四、简答题**

1. 请简述反方向运行的主要特点和注意事项。

_____
_____
_____

2. 在什么情况下，载客列车可能会进行反方向运行？

_____
_____
_____

# 技 能 训 练

姓名：_____ 班级：_____ 学号：_____

训练起止时间：_____时_____分至_____时_____分 用时：_____时_____分

某日，在城市轨道交通的E站台上，因前方线路故障，司机A接到行车调度员的指令，要求列车进行反方向运行。请将表3-3补充完整。

列车反方向运行作业　　　　　　　　　表3-3

| 步骤 | 岗位 | 操作内容 |
|---|---|---|
| 1 | 司机 | 收到行车调度员的反方向运行命令 |
| 2 | 行车调度员 | 明确驾驶模式（ATP自动驾驶模式或人工驾驶模式） |
| 3 | 司机 | 做好乘客服务 |
| 4 | 司机 | |
| 5 | 司机 | |
| 6 | 司机 | |
| 7 | 司机 | |
| 8 | 司机 | |
| 9 | 司机 | 停车后，报行车调度员并按其命令执行 |
| 10 | 司机 | 除非组织单线双向运行或开行救援列车，载客列车不得反方向运行 |
| 11 | 司机 | 反方向运行具备ATP防护时，以自动驾驶模式（ATO）或人工驾驶模式（PM）运行 |
| 12 | 司机 | 遇到ATP轨旁设备故障时，通知司机以限制人工驾驶模式（RM）或非限模式运行 |

# 评价反馈

## 一、自我评价

根据本任务的学习情况,请在已完成的知识点和技能点前的方框内打"√"。
□了解反方向运行的定义。
□掌握反方向运行的流程。
□工作页完成并提交。
□工作页未完成,未完成的原因:_____。

## 二、教师评价

1. 课后习题

□已完成并提交。
□未完成,未完成的原因:_____。

2. 作业工作页

□已完成,质量较好。
□已完成,质量一般。
□未完成,未完成的原因:_____。

3. 7S评价

□工具、学习资料摆放整齐。
□环境整齐、干净。

## 任务四 列车退行作业

### 🔄 任务引导

在城市轨道交通中,列车退行是维护整体运营效率的关键,因为列车的误停可能会影响后续列车的时刻表,导致整体运营延误。因此,及时且正确地执行退行作业是一种安全可靠的应急处理手段,可以提高城市轨道交通的运营效率。

一场突如其来的强降雨导致某城市地铁发生严重水害。在途的列车A发现前方线路有积水,并且水位在不断上升,司机小李紧急停车并迅速汇报给行车调度员,行车调度员要求司机小李以列车退行作业模式离开漫水区域。请问:列车如何进行退行作业才能保证安全?

### 🔷 课前思考

1. 列车退行的定义是什么?
2. 列车退行的注意事项是什么?
3. 牵引退行的注意事项有哪些?
4. 列车退行的流程是什么?

### ❄ 理论储备

#### 一、列车退行的定义

城市轨道交通中的列车退行是指在非正常情况下,列车部分或全部越过站台,需退回站台内办理乘降作业,或列车从区间返回发车站,这一过程被称为退行或牵引退行。

#### 二、列车退行的注意事项

(1)列车需要退行时,须得到行车调度员同意后方可退行。未得到行车调度员同意时,严禁擅自退行。

(2)在全自动运行模式下,经行车调度员同意后退出全自动运行模式,以CM-C模式退行,退行前做好乘客广播。

(3)如列车已全部出清站台需换端退行时,换端完毕后,应及时报行车调度员,得到允许退行的命令后牵引退行;如列车未出清站台需退行时,得到允许退行的命令后本端推进退行。

#### 三、牵引退行的注意事项

(1)得到行车调度员牵引退行命令后,司机做好乘客服务,主控手柄回0位,方向手柄回0位,关闭主控钥匙,带好行车备品,立即换端。

(2)换端完成后,根据行车调度员命令以RM/非限模式小牵引动车(动车前做好车厢广播)。

(3)到达指定位置后停车报行车调度员,并按行车调度员命令执行。

### 四、列车退行的流程

(1)电客车需退行时,司机应立即向行车调度员汇报。

(2)组织列车退行时,停站越过停车标5m以下时,列车以RM模式限速5km/h退行;列车在区间退行或越过停车标5m及以上时,列车以非限模式限速5km/h退行。

(3)行车调度员扣停后续列车,与行车值班员共同确认退行进路安全(退行进路空闲,道岔位置正确且锁闭)后,方可发布退行命令。

(4)司机接到退行的调度命令后,应做好乘客广播,车站必须做好站台秩序维护工作。

(5)当列车已全部出清站台,行车调度员通知司机换端退行(牵引退行),车站确认站台安全后,向司机显示手信号;如列车未出清站台,行车调度员通知车站、司机不换端退行(推进退行);司机在未得到行车调度员同意时,严禁擅自退行,降级RM/非限前需得到行车调度员允许。

技能工作页

## 知识巩固

姓名：_____ 班级：_____ 学号：_____
训练起止时间：_____时_____分至_____时_____分 用时：_____时_____分

### 一、填空题

1. 列车需要退行时，必须得到_____同意后方可退行。
2. 在全自动运行模式下退行，需要先退出_____模式。

### 二、选择题

1. 列车退行是指(　　)。
   A. 列车在正常情况下返回发车站
   B. 列车在非正常情况下返回发车站
   C. 列车在任何情况下都可以返回发车站
   D. 列车在正常情况下部分或全部越过站台
2. 在全自动运行模式下，退行前需要(　　)。
   A. 直接退行
   B. 得到行车调度员同意后退行
   C. 经行车调度员同意后退出全自动运行模式，以CM-C模式退行
   D. 无须任何操作，直接退行

### 三、判断题

1. 列车退行是指列车在正常情况下返回发车站。　　　　　　　　　　　　　　(　　)
2. 列车退行时，司机可以擅自决定退行，无须得到行车调度员的同意。　　　(　　)
3. 如果列车已全部出清站台，需要换端退行。　　　　　　　　　　　　　　　(　　)
4. 在全自动运行模式下，列车可以直接退行，无须更改模式。　　　　　　　　(　　)

### 四、简答题

1. 请简述列车退行的主要流程。

_____
_____
_____

2. 在什么情况下,列车需要退行?

# 技 能 训 练

姓名：_____ 班级：_____ 学号：_____
训练起止时间：_____时_____分至_____时_____分 用时：_____时_____分

某日，在××站台上，因前方线路故障，司机A接到行车调度员的指令，要求列车进行退行作业，请将表3-4补充完整。

列车退行运行作业　　　　　　　　　　　　　　　　　　　　表3-4

| 步骤 | 岗位 | 操作内容 |
|---|---|---|
| 1 | 司机 | 电客车需退行时，应立即向行车调度员汇报 |
| 2 | 行车调度员 |  |
| 3 | 司机 |  |
| 4 | 司机 | 接到退行的调度命令后，做好乘客广播，车站需做好站台秩序维护工作 |
| 5 | 司机 | 当列车已全部出清站台，通知司机换端退行(牵引退行)，车站确认站台安全后向司机显示手信号 |
| 6 | 司机 | 如果列车未出清站台，通知车站和司机不换端退行(推进退行) |
| 7 | 司机 | 在未得到行车调度员同意时，严禁擅自退行，降级RM/非限前需得到行车调度员允许 |

# 评价反馈

## 一、自我评价

根据本任务的学习情况,请在已完成的知识点和技能点前的方框内打"√"。
□了解列车退行的定义。
□掌握列车退行的注意事项。
□掌握牵引退行的注意事项。
□掌握列车退行的流程。
□工作页完成并提交。
□工作页未完成,未完成的原因:_____。

## 二、教师评价

1. 课后习题

□已完成并提交。
□未完成,未完成的原因:_____。

2. 作业工作页

□已完成,质量较好。
□已完成,质量一般。
□未完成,未完成的原因:_____。

3. 7S评价

□工具、学习资料摆放整齐。
□环境整齐、干净。

## 任务五　电话闭塞法列车驾驶作业

### 🔄 任务引导

为了确保线路区间的安全,电话闭塞法通过电话通信来实时确认和调度列车的运行状态,降低了因多种原因造成的行车冲突的风险。尤其是在无法实施复杂的自动控制系统或其他高级闭塞方法的情境中,电话闭塞法成了维持运营的关键手段,它守护着列车和乘客的安全,同时确保了运营的持续顺畅。

在某城市轨道交通的一个繁忙站台,由于信号设备发生故障,导致多列列车停运,行车调度员紧急决定启动电话闭塞法以确保乘客安全和列车正常调度。请问:现代城市轨道交通列车如何进行电话闭塞法行车?

### 💡 课前思考

1. 电话闭塞法行车的定义是什么?
2. 电话闭塞法行车的适用范围有哪些?
3. 电话闭塞法行车的流程是什么?

### ✳ 理论储备

#### 一、电话闭塞法行车的定义

电话闭塞法行车是指车场与车站间或相邻车站间通过电话联系,以电话记录号作为确认闭塞区间空闲的凭证,以路票作为列车占用区间的凭证,以车站发车手信号作为发车凭证的一种行车方法。电话闭塞法行车示意图如图3-4所示。

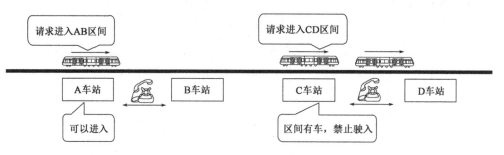

图3-4　电话闭塞法行车示意图

#### 二、电话闭塞法行车的适用范围

(1)正线联锁区联锁设备故障时。
(2)中央及车站工作站一个或多个联锁区均无法对列车进行监控,且无法维持正常行车时。

(3)正线大面积紫光带故障时。

### 三、电话闭塞法行车的流程

在启动准备阶段中,行车调度员指示故障区域内的所有列车要停车,并做好正常区域的运营调整。行车调度员向相关车站发布消息:"因信号故障,请做好电话闭塞法行车准备"。车站在接到此指令后,立即做好现场办理进路的准备,并加强站台行车监控。同时,行车调度员也向相关司机发布:"因信号故障,请做好电话闭塞法行车准备"。司机在接到通知后,应立即确认列车位置。列车在以下位置报告给行车调度员:站台对准的列车开门待令、存车线、折返线、转换轨的列车待令。如果列车不在指定位置,需要自行采用限制人工驾驶模式运行,且司机在沿途要加强瞭望,确保安全。行车调度员记录司机汇报的停车地点、车次及车组号,确认所有列车数量正确,完成初次列车定位。行车调度员通知故障区域有岔站下轨行区钩锁道岔,优先组织办理岔前列车进站进路。车站人员根据行车调度员要求,优先完成相关道岔钩锁后及时避让,并报给行车调度员。行车调度员接到车站报列车运行路径上人员出清并避让至安全位置后,组织相关列车运行至前方站台,列车动车前鸣笛。故障区域所有列车在站台停妥后,行车调度员确定列车数量,并与相关车站共同核实列车最终位置与车次后,向车站、司机发布采用电话闭塞法行车的调度命令。

对于正线接发列车,发车站首先确认待办理闭塞的区段空闲、发车进路准备妥当、人员到达安全位置后,向接车站请求闭塞。接车站确认后,同意闭塞并给出电话记录号。发车站在取得接车站同意闭塞的电话记录号后填写路票,核对无误后与司机交接,司机接到路票且核对无误后关门,然后根据车站的发车手信号启动列车。列车到达后,车站人员向司机收回路票。如需取消闭塞,发车站需确认停止交付路票或收回已交付的路票,由提出方给出电话记录号作为取消依据。

对于车场接发列车,闭塞区段为车场库内股道经转换轨至接口站站台,车场与接口站共同确认待办理的闭塞区段空闲。发车方确认后请求闭塞,接车方在满足条件时同意闭塞并给出电话记录号。发车方与司机交接路票后,司机确认后,根据发车手信号启动列车。列车到达后,车站或车场的人员需收回路票。如需取消闭塞,发车站或车场需确认停止交付路票或收回已交付的路票,由提出方给出电话记录号作为取消依据。

在取消阶段,专业人员确认设备已恢复正常并测试完毕后,行车调度员发布取消电话闭塞法行车的调度命令。行车调度员首先向车站发布取消命令,然后通知司机。车站或车场在接到取消命令后,停止办理闭塞,若已给出发车手信号,司机凭路票继续运行至下一站后恢复正常行车。在运营结束后,除折返道岔外,其他道岔钩锁器需要拆除。如果联锁区再次出现故障,必须重新办理闭塞。

## 技能工作页

### 知 识 巩 固

姓名：_____ 班级：_____ 学号：_____
训练起止时间：_____时_____分至_____时_____分  用时：_____时_____分

**一、填空题**

1. 电话闭塞法行车是通过_____联系，以电话记录号作为确认闭塞区间空闲的凭证。
2. 在电话闭塞法中，以_____作为列车占用区间的凭证。

**二、选择题**

1. 电话闭塞法行车是通过(　　)方式确认闭塞区间空闲的凭证。
   A. 电报记录号　　　　　　　　　　　B. 电话记录号
   C. 短信记录号　　　　　　　　　　　D. 无线电记录号
2. 电话闭塞法行车适用于(　　)。
   A. 正线联锁区联锁设备正常时
   B. 中央及车站工作站全部可以对列车进行监控时
   C. 正线大面积紫光带故障时
   D. 所有情况下

**三、判断题**

1. 电话闭塞法行车需要通过无线电联系确认闭塞区间空闲。　　　　　　　　(　　)
2. 在电话闭塞法行车中，路票作为列车占用区间的凭证。　　　　　　　　　(　　)
3. 电话闭塞法行车只在正线联锁区联锁设备正常时使用。　　　　　　　　　(　　)
4. 在电话闭塞法行车中，车站发车手信号作为发车凭证。　　　　　　　　　(　　)

**四、简答题**

1. 请简述电话闭塞法行车的基本流程。

_____
_____
_____
_____

2. 在什么情况下需要采用电话闭塞法行车?

# 技 能 训 练

姓名：_____ 班级：_____ 学号：_____

训练起止时间：_____时_____分至_____时_____分 用时：_____时_____分

在某次运营中，行车调度员发现故障区域发生信号故障。为了确保安全，行车调度员立即指示所有在故障区域内的列车停车，并进行电话闭塞法行车。请根据所学知识，将表3-5填写完成。

电话闭塞法行车流程　　　　　　　　　　　　　　　表3-5

| 序号 | 阶段 | 岗位 | 步骤 |
|---|---|---|---|
| 1 | 启动准备阶段 | 行车调度员 | 1. 行车调度员指示所有列车停车，调整正常区域运营 |
| | | 行车调度员、车站 | 2. 行车调度员通知车站做好电话闭塞法行车准备 |
| | | 车站 | 3. 车站准备办理进路，加强站台行车监控 |
| | | 行车调度员、司机 | 4. 行车调度员通知司机做好电话闭塞法行车准备，确认列车位置 |
| | | 司机 | 5. 司机报告停车地点（如开门待令、存车线等） |
| | | 司机 | 6. 若列车不在指定位置，采用限制人工驾驶模式，增加瞭望 |
| 2 | 列车定位与道岔处理 | 行车调度员 | |
| | | 行车调度员、车站 | |
| | | 车站 | |
| 3 | 列车运行组织 | 行车调度员、车站 | |
| | | 行车调度员 | |
| | | 行车调度员、车站 | |
| | | 行车调度员 | |
| 4 | 正线接发列车流程 | 发车站 | |
| | | 接车站 | |
| | | 发车站 | |
| | | 司机 | |
| | | 车站、发车站 | |
| 5 | 车场接发列车流程 | 发车方 | 1. 确认闭塞区段空闲后请求闭塞 |
| | | 接车方 | 2. 接车方确认同意并给出电话记录号 |
| | | 发车方、司机 | 3. 与司机交接路票，启动列车 |
| | | 车场、发车方 | 4. 列车到达后，收回路票。如需取消闭塞，按规定操作 |
| 6 | 取消阶段 | 行车调度员、专业人员 | 1. 专业人员确认设备正常后，行车调度员发布取消命令 |
| | | 行车调度员 | 2. 行车调度员通知车站与司机停止办理闭塞 |
| | | 司机 | 3. 司机凭路票继续运行至下一站，并恢复正常行车 |
| | | 车站、行车调度员 | 4. 在运营结束后拆除道岔钩锁器，如果联锁区再次出现故障，必须重新办理闭塞 |

## 评 价 反 馈

### 一、自我评价

根据本任务的学习情况,请在已完成的知识点和技能点前的方框内打"√"。
□了解电话闭塞法行车的定义。
□掌握电话闭塞法行车的适用范围。
□掌握电话闭塞法行车的流程。
□工作页完成并提交。
□工作页未完成,未完成的原因:_____。

### 二、教师评价

1. 课后习题

□已完成并提交。
□未完成,未完成的原因:_____。

2. 作业工作页

□已完成,质量较好。
□已完成,质量一般。
□未完成,未完成的原因:_____。

3. 7S评价

□工具、学习资料摆放整齐。
□环境整齐、干净。

## 任务六 特殊天气的列车行车作业

### 🔄 任务引导

在特殊天气条件下,确保城市轨道交通的行车安全显得尤为重要。恶劣的天气,如强风、雨雪和冰冻,不仅可能增加交通事故的风险,威胁乘客和工作人员的生命安全,还可能对轨道、车辆和其他关键设施造成损害。为了维护服务的连续性和可靠性,减少因延误和服务中断带来的不便,特殊天气下的行车准备和应对措施显得尤为关键。此外,确保安全运营还有助于避免可能的经济损失,包括设备维修、赔偿和其他运营损失。总之,特殊天气下的行车安全对于确保高效、可靠且安全的公共交通服务至关重要。

为做好强降雨天气应对工作,某城市轨道交通运营公司提前部署,采取多种举措,保障乘客在强降雨天气下的安全、顺畅出行。其所辖各车站将密切关注降雨情况,及时设置防滑垫和提示牌;同时,在客流高峰期间车站加强站内广播,充分利用车站广播系统、乘客信息显示系统等,及时发布相关信息,并安排专人在自动售票机和闸机处进行引导,重点关注车站出入口人员聚集情况,加强疏导。请问:作为城市轨道交通列车司机,在雨雪天气如何行车?

### ❄ 课前思考

1. 城市轨道交通列车在暴雨、大风、冰雪等天气情况下如何驾驶?
2. 城市轨道交通列车在雨、雪、雾、霾、沙尘等天气情况下如何驾驶?

### ✿ 理论储备

#### 一、台(大)风情况下的列车行车作业

1. 控制中心的应急处置措施

(1)当值调度班组接到气象部门发布的天气变化信息后,将最新天气变化动态及时通报各部门生产调度、DCC、全线各车站及列车司机,不间断与地面、高架段列车司机确认列车运行情况。

(2)根据风力级数,组织列车限速或停运,对于地面及高架线路,风力波及区段,风力达7级时,列车运行速度不应超过60km/h;风力达8级时,列车运行速度不应超过25km/h;风力达9级及以上时,列车应停运,停运后对风力波及区域进行接触网停电。

(3)通知受影响的相关车站、司机做好乘客服务工作,组织具备运行条件的地下线路维持运营。

(4)密切监控现场设备的运行情况,必要时组织受影响的设备停止运行。

(5)随时做好台风、大风对运营安全造成影响后的抢修、救援准备工作。

2. 司机的应急处置措施

(1)风力达到一定级数时,根据现场情况及行车调度员命令,及时采用人工驾驶模式,限速行驶,并及时报告行车调度员。

(2)若为全自动运行线路,根据现场情况及行车调度员命令,全自动运行列车立即退出全自动运行模式,采用人工驾驶模式限速运行。

(3)应尽量平稳驾驶列车,避免急促加速或减速,在运行中若发现列车有摇摆等异常现象,应立即降低运行速度,并及时报告行车调度员。

(4)若需就地停车避风的,司机应做好列车防溜措施,及时报告行车调度员,并做好乘客广播服务工作。

(5)加强瞭望,发现线路上有异物等危及行车安全的情况,应紧急停车,做好乘客服务,并及时报告行车调度员。

3. 车站的应急处置措施

(1)加强车站设备设施的监控,有异常情况时应及时上报,做好乘客服务及解释工作。

(2)遇大风天气或大风预警时,应及时安装出入口卷帘门挡风立柱。

(3)接到控制中心的调度命令后(如关站),应立刻执行车站紧急程序,落实安全措施,做好宣传、疏散、服务工作。

(4)发现险情时,应紧急处理,并及时上报。

4. 车场的应急处置措施

(1)加强对所辖设备设施的监控,及时调整受影响的列车出入场作业、调车作业和施工作业。

(2)若为全自动运行线路,全自动运行列车应立即退出全自动运行模式,采用人工驾驶模式限速运行。

(3)场调发现或接报紧急事件后,紧急处理,并及时上报。

## 二、暴(雷)雨情况下的列车行车作业

1. 控制中心的应急处置措施

(1)控制中心当值调度班组要求各部门生产调度安排专业人员对各专业设备设施进行密切监视,如有情况应及时汇报,通知车站做好乘客服务工作。

(2)高架和地面线路因天气原因导致线路湿滑,行车调度员在中央ATS设置湿轨模式,若未能有效缓解,则相关受影响区段改为手动驾驶并限速60km/h运行;当雨雪模式不可用时,通知司机手动驾驶并限速60km/h运行。若限速后仍存在打滑现象,则依次按照40km/h、25km/h、10km/h限速运行。在高架段末站组织列车采用手动驾驶并限速25km/h进出站及折返,高架段其余车站限速40km/h进出站,如限速后仍有打滑冲标现象,则继续降低限速值25km/h、10km/h运行。

(3)当列车出现打滑时,行车调度员密切监控列车运行间隔,高架段和地面段应满足一站一区间的行车间隔;因打滑、设备故障等造成列车迫停区间时,行车调度员应及时将后方列车

扣停在后方车站,若后方列车已进入迫停列车所在区间时,应通知司机立即停车,待前方迫停列车出清前方车站后,方可组织后方同区间列车继续运行。

(4)因雨势过大,能见度降低,高架和地面线路列车转为人工驾驶模式,根据能见度情况限速运行,在运行中加强对线路的瞭望。具体限速要求为:能见度在50~100m时,限速50km/h;能见度在30~50m时,限速30km/h;能见度在5~30m时,限速15km/h;列车接近尽头线时,限速5km/h;能见度小于5m时,司机应立即停车。

(5)通知全线司机,加强对地面段、隧道洞口及隧道内水位情况监控,发现异常情况时,及时汇报,列车越过积水区域须人工驾驶,限速要求为:当积水未漫至轨底水位线对应的标线和标识牌时,列车无须限速;当积水已漫至轨底水位线对应的标线和标识牌,但未达到轨顶水位线对应的标线和标识牌时,列车限速25km/h通过积水区域;当积水已漫至轨顶水位线对应的标线和标识牌时,列车不得通过。

(6)遇雷电时,应密切监控接触网、列车、变电所等关键设备设施的运行状况;地面、高架区段,原则上,不组织乘客步行疏散。

**2. 司机的应急处置措施**

(1)能见度低时,开启列车头灯,并及时报告行车调度员,采用人工驾驶模式,根据能见度及行车调度员命令控制列车运行速度。

(2)若运行中发现列车"空转滑行"等异常现象,应及时报告行车调度员,采用人工驾驶模式,降低运行速度,并报告行车调度员。

(3)加强瞭望,发现线路上有水淹、下沉等危及行车安全的情况,应紧急停车,司机做好乘客服务,并及时报告行车调度员,按行车调度员指令行驶。

**3. 车站的应急处置措施**

(1)密切监视车站出入口积水情况,并及时向环控调度员报告。

(2)做好乘客组织及服务工作,当出入口出现大量积水时,做好防汛准备工作;当有雨水倒灌车站风险时,应立即进行防洪工作,并做好乘客防滑和疏导工作;各车站间做好互相支援的准备。

(3)发现险情时,应紧急处理,并及时上报。

**4. 车场的应急处置措施**

(1)密切关注车场的积水状况,及时上报最新情况,并做好防汛准备。

(2)合理调整受影响的列车出入场作业、调车作业、施工作业,保证正线运营用车。

(3)遇雷电时,除紧急情况外,应立即通知各相关专业停止车场地面路段的高空作业,并停止在地面有电气相连的设备上作业,确保人身安全。

(4)场调发现或接报紧急事件后,应紧急处理,并及时上报。

### 三、高温天气情况下的列车行车作业

**1. 控制中心的应急处置措施**

(1)控制中心当值调度班组要求各部门生产调度安排专业人员随时了解温度变化情况

并要求各站、变电所做好防高温、防火灾措施。

(2)密切监视环控、冷却、通风、气体灭火系统、接触网等设备设施的运行状况。

(3)组织人员加强对场段线路的检查,若发现胀轨、跑道苗头时,立即报告控制中心,维修调度根据值班主任要求发布抢修令。

(4)若发现或接报火灾等突发事件,应立即通知各相关部门,组织抢险队赶赴现场抢修处理。

(5)全自动运行模式下列车空调运行状态和客室温度由行车调度员(车辆)监控。

**2. 司机的应急处置措施**

(1)加强瞭望,注意钢轨、接触网状态,发现异常情况时,应及时停车做好乘客服务,并报告行车调度员。

(2)密切监控列车空调运行状态和客室温度。

**3. 车站的应急处置措施**

(1)做好防暑降温、防火灾的相关应急措施,备好必要的防暑药品。

(2)做好因高温聚集在车站内避暑乘客的组织和服务工作。

(3)若发现或接报火灾等突发事件,应立即上报并携带灭火设备赶赴现场,必要时报110、119、120进行现场处置,并做好现场抢险工作。

(4)做好初期救助及现场取证工作。

**4. 车场的应急处置措施**

(1)组织人员对各类车辆及设备进行检查,消除因高温可能引发的行车安全隐患。

(2)若发现或接报火灾等突发事件,应立即上报并携带灭火设备赶赴现场,必要时报110、119、120进行现场处置,并组织人员处理。

(3)做好初期救助及现场取证工作。

# 技能工作页

## 知识巩固

姓名：_____ 班级：_____ 学号：_____
训练起止时间：_____时_____分至_____时_____分 用时：_____时_____分

### 一、选择题

1. 在暴雨、大风、冰雪天气中，司机应加强（　　）。
   A. 线路瞭望　　　　　　　　　B. 监控
   C. 与乘客沟通　　　　　　　　D. 车辆维修
2. 当能见度在30~50m时，列车的限速是（　　）。
   A. 15km/h　　　　　　　　　　B. 30km/h
   C. 50km/h　　　　　　　　　　D. 5km/h
3. 在高温天气中，司机应特别注意监控（　　）设备的运行状态。
   A. 列车动力系统　　　　　　　B. 列车制动系统
   C. 列车空调　　　　　　　　　D. 列车通信系统

### 二、判断题

1. 在恶劣天气中，司机应开启前照灯，并根据能见度适当降低运行速度。（　）
2. 在冻雨天气中，司机不需要特别注意接触网和线路状态。（　）
3. 在高温天气中，司机不需要特别关注客室温度。（　）

### 三、简答题

1. 简述在雨、雪、雾、霾、沙尘等恶劣天气中，司机应采取的措施。

2. 当列车遇到高温天气时，司机应注意哪些事项？

## 技 能 训 练

姓名：_____ 班级：_____ 学号：_____
训练起止时间：_____时_____分至_____时_____分 用时：_____时_____分

某日，在A市城市轨道交通列车上，司机小李正驾驶列车在区间运行，在瞭望中突然发现前方线路发生隧道积水，司机紧急停车后报行车调度员，行车调度员要求司机缓慢通过。根据所学知识，请将表3-6补充完整。

大雨天气驾驶作业流程　　　　　　　　表3-6

| 序号 | 作业流程 | 作业内容 |
|---|---|---|
| 1 | 立即停车 | 若发现隧道前方积水，应立即制动停车 |
| 2 | 司机广播安抚乘客 | 通过"车辆显示屏"选择播放预置的"临时停车"紧急广播 |
| 3 | 确认积水情况 | (1)手指眼看：前方积水。<br>(2)口呼："线路积水，未没过轨面" |
| 4 | 报告行车调度员，列车位置及应急情况 |  |
| 5 | 限速15km/h通过积水区段 |  |
| 6 | 恢复正常驾驶模式运行 | 作业：通过积水区域后，恢复正常驾驶模式运行 |
| 7 | 汇报行车调度员 | (1)接通电话：司机手持联控电话，点击"联控显示屏"中的"行车调度员"按键，接通电话。<br>(2)报告行车调度员："行车调度员，××次已限速通过积水区段，现已恢复正常运行。"<br>(3)行车调度员回复："××次已限速通过积水区段，现已恢复正常运行，行车调度员收到。"<br>(4)结束通话：挂断电话 |

# 评 价 反 馈

## 一、自我评价

根据本任务的学习情况,请在已完成的知识点和技能点前的方框内打"√"。
□掌握城市轨道交通车辆在暴雨、大风、冰雪等天气的驾驶方法。
□掌握城市轨道交通车辆在雨、雪、雾、霾、沙尘等天气的驾驶方法。
□工作页完成并提交。
□工作页未完成,未完成的原因:_____。

## 二、教师评价

1. 课后习题

□已完成并提交。
□未完成,未完成的原因:_____。

2. 作业工作页

□已完成,质量较好。
□已完成,质量一般。
□未完成,未完成的原因:_____。

3. 7S评价

□工具、学习资料摆放整齐。
□环境整齐、干净。

## 任务七　临时运营调整情况下的列车驾驶作业

### 🔷 任务引导

在城市轨道交通面临临时运营调整时，列车驾驶作业的重要性愈发凸显。这种调整可能源于技术故障、特殊天气或其他突发事件。在这样的情境下，驾驶员（司机）不仅要确保乘客的绝对安全，还要密切关注线路和车辆状况，准确响应调度指令，减少乘客的等待时间。

受台风"格美"影响，在某市城市轨道交通运营企业中，C线行车调度员要求在G站不停车通过车站。请问：在临时运营调整情况下，城市轨道交通列车司机如何进行越站操作？

### 🔷 课前思考

1. 什么是通过不停车列车驾驶作业（越站）？
2. 通过不停车列车驾驶作业的注意事项有哪些？
3. 列车清客退出服务驾驶作业的定义是什么？
4. 清客的基本流程是什么？

### 🔷 理论储备

#### 一、通过不停车列车驾驶作业（越站）

**1. 通过不停车列车驾驶作业（越站）的定义**

城市轨道交通的越站通常指的是列车没有在预定的站点停车，而是直接通过，不为乘客提供上下车服务。这种情况可能是由于紧急情况、调度需要、设备故障、轨道维修或其他原因导致的。越站操作会导致列车不按照原定的运行图或时间表行驶。

**2. 通过不停车列车驾驶作业的注意事项**

（1）无行车调度员命令，当值司机不得驾驶列车越站（列车运行图中规定的除外）。

（2）列车为FAM模式时，司机在列车进站过程中加强监控；若司机未接到行车调度员命令且列车未在应停车站停车，应立即呼叫行车调度员采取远程紧急制动措施。

（3）列车为非FAM模式时，若司机接到行车调度员的越站命令，则做好乘客广播，驾驶列车不停站通过；若信号屏显示跳停图标，但未接到行车调度员越站命令，司机应及时向行车调度员汇报，得到行车调度员越站的命令后，驾驶列车不停站通过。

（4）原则上，首、末班车或乘客无返乘条件的载客列车不得越站；原则上，在同一车站连续越站的载客列车不得超过两列，同一列载客列车不得连续越两站及以上车站；在高峰时段，凡不影响后续列车正点运行及在始发站折返时间的，不得越站。

## 二、列车清客退出服务驾驶作业

### 1. 列车清客退出服务驾驶作业的定义

城市轨道交通的清客或"清客退出服务"通常指的是在某一站点或终点站,由列车司机、站务人员或其他工作人员确保所有乘客都已从列车下车,并确保列车内没有乘客后,列车不再进行客运业务,继续前进或转入停车场、车辆段或其他非载客服务区域。

### 2. 清客的流程

司机在接到清客命令后,打开相应侧车门安全门。打开贯通道门,播放清客广播:"尊敬的各位乘客,由于运营调整,本次列车将退出服务,请携带好您的行李物品下车,不便之处请谅解。"司机使用400MHz电台呼叫站台岗协助清客。凭车站人员"好了"信号关门后,按行车调度员指令执行。

### 3. 清客的原则

清客须由行车调度员发令。原则上,在2min内完成清客。除组织小交路运行外,不允许连续两列车在同一车站清客。行车调度员应及时通知司机、车站,司机、车站应及时广播通知乘客,清客完毕后,应及时报行车调度员。已清客的电客车,原则上,不在清客站重新载客。

### 4. 清客退出服务的注意事项

(1)行车调度员下令清客时,司机须确认好清客车站位置,按行车调度员命令运行至指定站清客,根据车站清客"好了"信号,关安全门、客室门,凭行车调度员命令动车至目的地。

(2)清客时,须播放清客广播,做好乘客服务。

(3)非终点站清客时,凭车站人员"好了"信号关门后,通过贯通道门查看是否留有旅客,如留有旅客应立即打开车门令其下车。

(4)列车进折返线停妥后报行车调度员,再次动车时须得到行车调度员同意并确认前方进路安全。

(5)退出服务列车转备用时,按运营列车转备用程序执行。

# 技能工作页

## 知识巩固

姓名：_____ 班级：_____ 学号：_____
训练起止时间：_____时_____分至_____时_____分 用时：_____时_____分

### 一、选择题

1. 在（　　）情况下，司机不得驾驶列车越站。
   A. 当列车运行图中规定　　　　　B. 当行车调度员命令要求
   C. 当列车为FAM模式　　　　　　D. 无行车调度员命令

2. 清客退出服务的目的是（　　）。
   A. 为了进行列车维修
   B. 为了确保列车内没有乘客后，列车不再进行客运业务
   C. 为了进行列车清洁
   D. 为了进行列车升级

3. 清客时，司机应根据（　　）信号关门。
   A. 根据行车调度员的指示　　　　B. 根据车站的广播
   C. 根据车站人员的"好了"信号　　D. 根据乘客的要求

### 二、判断题

1. 清客时，司机不需要播放清客广播。　　　　　　　　　　　　　　　（　　）
2. 在高峰时段，凡不影响后续列车正点运行及在始发站折返时间的，不得越站。（　　）
3. 已清客的电客车，原则上，可以在清客站重新载客。　　　　　　　　（　　）

### 三、简答题

1. 简述在城市轨道交通中，"越站"是什么意思。

_____
_____
_____
_____

2. 当列车为FAM模式时，司机在列车进站过程中应采取哪些措施？

_____
_____
_____
_____

3. 清客退出服务时,司机应注意哪些事项?

_____

_____

_____

## 技 能 训 练

姓名:_____ 班级:_____ 学号:_____
训练起止时间:_____时_____分至_____时_____分 用时:_____时_____分

某日,××站台迎来了早高峰,作为城市轨道交通电客车司机的小李正在以 CBTC-ATO 模式驾驶列车越站通过 A 车站。根据所学知识,将表 3-7 中的操作流程和手指口呼标准补充完整。

**CBTC-ATO 模式下的越站实操训练** 表 3-7

| 序号 | 操作阶段 | 条件 | 操作内容 | 司机动作 | 手指口呼 |
|---|---|---|---|---|---|
| 1 | 进站前 | 列车到达站名标 | 确认站名 | | |
| | | 车头进入站台尾端 | 确认出站信号机显示 | | |
| | | | 加强对站内进路的瞭望,密切留意线路及车辆状态 | | — |
| 2 | 越站通过 | 确认跳停信息 | 确认跳停 | | |
| | | 车头进入站台尾端 | 确认"跳停"图标显示 | | |

# 评 价 反 馈

## 一、自我评价

根据本任务的学习情况,请在已完成的知识点和技能点前的方框内打"√"。

□了解通过不停车列车驾驶作业(越站)的定义。
□掌握通过不停车列车驾驶作业的注意事项。
□了解列车清客退出服务驾驶作业的定义。
□掌握清客的流程和原则。
□掌握清客退出服务的注意事项。
□工作页完成并提交。
□工作页未完成,未完成的原因:＿＿＿＿＿＿＿＿＿＿＿＿＿＿＿＿＿＿＿＿＿＿＿。

## 二、教师评价

1. 课后习题

□已完成并提交。
□未完成,未完成的原因:＿＿＿＿＿＿＿＿＿＿＿＿＿＿＿＿＿＿＿＿＿＿＿＿＿＿。

2. 作业工作页

□已完成,质量较好。
□已完成,质量一般。
□未完成,未完成的原因:＿＿＿＿＿＿＿＿＿＿＿＿＿＿＿＿＿＿＿＿＿＿＿＿＿＿。

3. 7S评价

□工具、学习资料摆放整齐。
□环境整齐、干净。

# 项目四
## 其他列车运行作业

### 项目描述

城市轨道交通列车驾驶除了正线作业和特殊情况下的列车作业,还包括调车作业、调试作业、洗车作业等作业内容。调车作业是列车运行的重要部分,也是车辆基地内的一项重要工作。在行车安全上,调车作业安全同样是重点,因为调车作业是确保列车运行的重要环节之一,它对提高列车运行效率,做好列车后勤保障,使电客车的维修、检查保养等修程的顺利实现有着十分重要的作用。对列车进行双周检以上修程作业后,需要进行调试作业,调试作业有车辆基地内的试车线调试作业和正线上的调试作业。洗车作业是在车辆基地内对列车进行的专业清洗,由司机驾驶列车完成。

在本项目中,分析了列车的调车作业、调试作业和洗车作业,这些都是司机必须掌握的内容。

### 情境导入

××××年××月××日,××城市轨道交通运营公司××车辆段试车线上,一列车在调试过程中冲出试车线冲入道路,致使司机卡在司机室内。抢险人员赶赴现场进行救援,正线列车没有受到影响。

该车为定期检修车辆,该列车并非新车,而是曾运营后驶入车辆段调试的车辆。

试车线是专门用来供检测列车使用的,以避免检测列车在测试时对正线列车带来的不必要干扰,影响列车正常运行。列车在试车线上如何进行正确的调试作业呢?列车调试冲出试车线事故现场如图4-1所示。

图4-1 列车调试冲出试车线事故现场

## 学习目标

**知识目标**
1. 掌握调车作业的定义。
2. 掌握调车作业的作用。
3. 掌握调车作业的基本要求。
4. 掌握调试作业的原则。
5. 掌握洗车作业的流程。

**能力目标**
1. 能够正确地编制调车作业计划。
2. 具备正确进行调车作业的能力。
3. 具备在正线上进行列车调试作业的能力。
4. 具备在试车线上进行列车调试作业的能力。
5. 能够正确进行洗车作业。

**素质目标**
1. 培养学生具有"统一指挥、服从命令"的作业意识。
2. 培养学生处置突发事件的应变能力。
3. 培养学生良好的安全作业意识。
4. 培养学生吃苦耐劳的职业素养。

## 任务一　调车作业

### 任务引导

调车作业是确保列车安全、高效运行的关键环节之一,对行车安全、运营效率、后勤保障及维修检查有着重要作用。从安全和效率的角度出发,调车作业必须严格遵守各项安全规定和操作规程,合理安排列车的位置和顺序,从而提高运营效率。此外,调车作业还包括对列车的关键设备进行检查和维护,为列车的安全、可靠运行提供保障。

××××年××月××日,你担任调车司机在 A 车辆基地执行调车作业,出勤时领取调车作业单。请问:如何才能完成本次调车作业任务?

### 课前思考

1. 什么是调车作业?调车作业分为哪几类?
2. 为什么需要调车作业?调车作业的场所有哪些?
3. 对调车作业的一般要求是什么?
4. 调车作业的原则是什么?

## 🌸 理论储备

### 一、调车作业概述

**1. 调车作业的定义**

除正线列车在车站到、发、通过及在区间内运行,参与运营活动以外的所有为了编组、解体列车或摘挂、取送车辆等需要,车辆在线路上有目的地移动统称为调车。

**2. 调车作业的基本分类**

调车作业按方法、方式和过程可以分为以下两类。

(1)由电客车完成的转线、转场、出入场等相关的作业。

(2)由内燃机车工程车以及其他机车完成的编组、解体、转线、摘挂、取送等相关的作业。

无论是何种形式的调车作业,无论在方法的使用和实现上有何区别,它们的最基本的要求、条件是一致的,没有根本的差异,仅仅是形式、表现方法不同。

**3. 调车作业的基本作用**

调车作业是列车运行的重要部分,也是车辆基地内的一项重要工作。在行车安全上,调车作业安全同样是重点,因为调车作业是确保列车运行的重要环节之一,它对提高列车运行效率,做好列车后勤保障,使电客车的维修、检查保养等修程的顺利实现有着十分突出的作用。

**4. 调车作业的功能**

(1)及时、正确地进行调车作业,保证电客车按运行图的规定时刻发出列车,按运行图的要求安排使用列车。

(2)及时取送需检修的车辆,保证检修车辆按时到位。

(3)保证基地设备以及调车作业运行安全和人身安全。

(4)确保其他物资运输的运行秩序正常进行。

**5. 调车作业的领导指挥系统**

基地内调车由信号楼调度员担当调车领导人,调车指挥人由调车长(司机)担当。

**6. 调车作业的要求**

1)调车作业的基本要求

(1)调车作业必须按照调车作业计划以及调车信号机或调车信号的显示要求进行,没有信号不准动车,信号不清则立即停车。

(2)特殊情况下使用无线电对讲机联络进行调车作业时,司机与调车人员必须保持联络畅通,联络中断时应及时采取停车措施,停止调车作业。

(3)调车作业时,调车人员必须正确、及时地显示信号,司机要认真确认信号并且鸣笛警示。

2)配合协作要求

调车作业是参加调车作业的相关人员,如司机、调车员、信号楼信号员等之间的相互配合、相互协作的过程。因此，车辆的动车、信号确认、进路确认及注意事项都必须在作业前明确。

(1)信号楼信号员必须按规定正确、及时地安排调车进路，并且监视运转情况。

(2)调车员必须看清计划，确认安全状态后，才准显示信号，不得盲目指挥、盲目显示信号。

(3)司机必须要确认信号，瞭望四周情况后才能启动列车。

### 7. 调车作业的基本内容

在调车作业中应该看清与确认的基本内容如下。

(1)线路情况、停留车位置情况。

(2)道岔开通情况、信号显示情况。

(3)车下障碍物与异物情况。

(4)检修线以及所进入线路作业情况、进出库房大门开启情况。

(5)连挂的车辆情况。

(6)走行速度情况、道口四周情况。

(7)参加调车作业的人员情况等。

### 8. 终止调车作业的条件

(1)在调车作业中，调车人员显示的信号得不到司机回示，或者认为速度过快以及其他异常情况，必须立即显示停车信号。

(2)司机在无法瞭望信号、信号中断、联络中断或者认为有异常情况时，必须立刻停车。

(3)信号楼信号员发现调车作业人员或作业过程有违反安全规定时，应立即采取措施，命令调车作业终止。

(4)车辆基地或车站管理人员发现有危及调车作业安全、设备安全、人身安全的情况时应立刻通知有关人员停止调车作业。

### 9. 调车作业的指挥原则

1)统一领导原则

统一领导就是在同一车辆基地内，在同一时间只能由车辆基地信号楼调度员统一领导全场的调车作业。

2)单一指挥原则

单一指挥就是在同一时间内，一列列车或一组车列的调车作业计划的执行、作业方法的拟定和布置，以及车辆的行动指挥只能由一人负责指挥。

(1)所有在车站进行的调车作业，应以确保正线正常运营为基础条件，合理安排调车作业程序、时机，不得以任何理由影响和干扰正线运营。

(2)车辆基地接车前5min停止调车作业，不迟于列车到达前2min开放接车信号。

(3)车辆基地发车前5min停止调车作业，不迟于列车发车前2min开放发车信号。

(4)车辆基地在列车运行图规定的接发列车以外时间，信号楼调度员可以确定场内的调车作业；但与行车调度员布置的临时接发列车命令有抵触时，以接发列车作业为主，必须先进行调车作业时,应得到行车调度员的批准同意。

(5)调车作业时,因特殊需要必须越出场界调车时,应事先报告行车调度员,得到批准同意后,由行车调度员发给调车作业有关人员调度命令,调车人员应严格按命令要求执行。

## 二、调车作业计划

调车作业都是通过调车作业计划来实现的,调车作业计划是进行调车作业的凭证与依据。

调车作业计划是指调车作业的有关领导人向调车作业人员以书面形式下达或口头布置方式的调车作业通知。调车作业计划的内容包括起止时间、担当列车作业顺序、股道号、摘挂辆数(编组车号或车位)、安全注意事项等。

### 1. 调车作业计划的编制

(1)调车任务分析。首先需要对调车任务进行分析,包括要调剂车辆的数量、类型、位置等信息。根据具体情况确定调车的路线、站台和用于调车的设备等。

(2)调车作业流程。制定调车作业的流程图,明确每个环节的具体内容和要求。流程图要清晰简洁,方便操作人员理解和遵循。

(3)安全风险评估。进行调车作业的安全风险评估,确定可能存在的危险和风险,采取相应的措施予以控制和防范。

(4)人员和设备准备。明确调车作业需要的人员和设备,并做好充分准备,确保人员操作技能和设备性能达到要求。

(5)周边环境考察。对调车作业的周边环境进行考察,包括天气情况、交通状况、设备状态等,确保调车作业的顺利进行。

(6)调车作业计划编制。综合考虑以上因素,制订具体的调车作业计划,包括时间安排、人员分配、风险控制措施等内容。

### 2. 调车作业计划的传达

(1)通知与传达。将调车作业计划通知相关人员,包括调车人员、工作人员、管理人员等,确保每个人都清楚了解自己的任务和责任。

(2)沟通与碰头会议。在调车作业前进行一次沟通与碰头会议,交流作业计划,明确各自的责任,讨论可能存在的问题和风险,并制定相应的对策。

(3)安全宣传。针对调车作业可能存在的安全隐患,进行相关安全宣传,提醒人员注意安全,牢记安全操作规程和注意事项。

(4)实地演练和模拟。在实际的调车作业前,进行实地演练和模拟,让人员熟悉操作流程和环境,掌握应急处理的方法和技巧。

### 3. 调车作业计划的提交和实施规定

(1)车辆检修调度员根据车辆的定检计划及临时性抢修计划,应认真确认转线列车状态符合动车条件后,以书面形式及时向信号楼调度员提报转轨计划。列车转轨计划提报时间要求如下:

①对计划性维修、调试和改造的调车作业至少提前4h。
②对临时维修或调试的调车作业至少提前2h。
③对临时故障抢修的调车作业至少提前1h。
④对需要工程车调动的车辆调车作业至少提前3h。

(2)信号楼调度员在接到有关调车作业申请后,尽快组织有关岗位在要求的时间内完成。

(3)在库内解钩、挂钩或短距离动车作业时,检修人员准备妥当后报告车辆检修调度员,车辆检修调度员向信号楼调度员提出动车申请。

(4)车辆检修调度员应按规定认真填写车辆转轨(试车)计划单,需填写的内容如下。
①计划转轨时间、车辆停留位置及所需转往的轨道、是否具备动车条件。
②车辆状态、调试何种故障及调试所需时间。
③车辆是否凭自身动力动车。
④车辆是否需要工程车调动。
⑤车辆停放股道隔离开关是否断开、是否挂接有地线。
⑥线路、车辆是否侵限,车辆的制动系统状态是否良好。
⑦作业完毕计划所回的停放股道。

(5)信号楼调度员1通过电话向调车员下达计划,调车员应根据作业计划制订安全防范措施及其他注意事项,向司机交递和传达调车计划。

(6)信号楼调度员1用书面或口头向车辆基地信号楼调度员2传达计划,信号楼调度员接受计划时应复诵核对。

(7)一批计划或变更计划不超过三句时,可以口头方式布置,有关人员应复诵。变更作业计划时应停车传达,确认有关人员复诵清楚。

### 三、调车作业前的准备

(1)调车作业前,调车员应充分做好准备(按规定着装、佩戴防护用品,确认无线对讲机良好),并认真检查调车组其他人员(司机、协助作业的客车司机或检修人员)的准备情况。

(2)对线路进行检查,确认进路、车辆底下和上部无障碍物。

(3)对车辆进行检查,内容包括列车的制动试验、车辆防溜措施情况、是否进行技术作业、是否有侵限物搭靠、是否插有防护红牌(红灯)。

### 四、调车作业规定

(1)禁止调车作业的情况主要有以下几种。
①设备(包括上部天车或吊机)或障碍物侵入线路设备限界时,禁止调车作业。
②禁止溜放调车作业。
③客车转向架液压减振器被拆除并空气弹簧无气时,禁止调车作业。
④列车制动系统故障时,禁止自身动车。

(2)在尽头线上调车时,距线路终端应有10m安全距离,遇特殊情况,应接近小于10m时应与司机联系,严格控制速度并采取防溜措施。

(3)组织两列车在同一股道作业时,应通知一列车在指定位置停车(列车降弓)待令,向另一列车司机布置安全注意事项及存车位置情况后,再开放防护信号机放行该列车到指定位置停止作业。

(4)调车作业连挂时,应进行试拉。

(5)调车信号机因故障开放不了,须越过关闭的信号机时,调车员得到信号楼调度员2通知,确认进路开通后方可驾车越过该信号机。

(6)调车员应在调车正面(司机驾驶侧)正确及时地显示信号,司机应认清地、不间断地确认信号,并鸣笛回示。没有调车员的启动信号,禁止动车;没有鸣笛回示时,调车员应立即显示停车信号。信号显示错误或不清时,司机应立即停车。

(7)越出车辆基地界限调车时,应得到行车调度员同意,邻站承认后方可办理。无行车调度员命令时,禁止越出车辆基地限界调车。

(8)列车在车辆基地内通过平交道前,应一度停车,瞭望平交道是否有障碍物或行人,确认安全后方可继续通过平交道。

(9)调车信号机开放后,需要取消时,信号楼调度员2应通知司机或调车员,并得到应答确认列车停车或未动车后,方可关闭信号机。

(10)列车进入接车线后需转线时,信号楼调度员2应等待列车停稳,确认司机明确作业计划后再开放调车信号。

(11)单机或牵引运行时,前方进路由司机确认;推进运行时,由调车员确认。

(12)连挂车辆规定。

①连挂车辆,调车员应显示连挂信号和距离信号三、二、一车(三车约60m,二车约40m,一车约20m),没有显示连挂信号和距离信号时,不准挂车。

②列车接近被连挂车辆不少于1m时,应一度停车,确认车钩位置正确后再连挂。

③单机连挂车辆,不须显示距离信号,但在距存车点不少1m时,应一度停车,凭调车员手信号挂车。

(13)进入库内作业规定。

①进入材料总库、检修库、各列车存放库取送车辆时,应在车库平交道口外一度停车,确认平交道口是否有障碍物或行人。

②检查库内线路状态及设备堆放状况,通知有关人员停止影响调车作业的工作和撤销防护标志牌。

(14)工程车调动整列车转线作业时,原则上,利用牵出线办理,利用转换轨转线时,应在转换轨Ⅰ道转线。在特殊情况下,超长列车或车列需利用转换轨转线时,按越出车辆基地限界调车作业办理。

(15)列车调车转线进入牵出线、转换轨,司机换端后必须先向信号楼调度员2询问进路情况,确认信号、道岔正确后方可动车。

(16)压岔调车或原路折返时,信号楼调度员2必须通过接通光带确认进路道岔位置正确,加锁该进路有关道岔后方可允许司机动车。

(17)调车作业时,每钩均应出路要出路,进路要进路。在调车作业中,司机与车辆基地信号楼调度员2必须执行呼唤制度。

(18)列车在车辆基地内限采用RM模式驾驶(试车线调试作业除外),在特殊情况下,需采用URM模式时,需经信号楼调度员1同意并派人上车监控司机按规定速度运行。

(19)调动无动力列车时,应确认气制动和停车制动全部缓解,在运行中保持车辆主风缸风压不低于4bar(0.4MPa),司机与调车员加强联系,共同确认车辆制动状态。

(20)调动单元车组时,需两人共同完成。在检查单元车组前,一人合蓄电池开关,另一人合单元车,共同激活单元车组。

### 五、无调车电台的情况下,工程车调动电客车的规定

原则上,无调车电台时,严禁进行调车作业。如必须进行调车作业时,按以下规定执行。

(1)调车组各岗位职责的划分。

①调动整列车时,调车组(包括工程车司机)应有4人,1人为调车员,1人为领车连结员(由工程车司机或胜任人员担当)。另外,1名连结员(由列车司机或副司机担当)在中部中转信号。调车员站在靠近司机侧,直接向司机显示信号。各岗位人员所在位置示意图如图4-2所示。

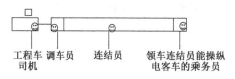

图4-2 各岗位人员所在位置示意图

②领车连结员负责检查线路的状态(包括是否有其他设备侵入限界),车辆的防溜措施(铁鞋的取放),车钩、风管的连接和摘解,以及向调车员发出正确的指令(包括显示信号)。

③连结员显示信号昼间为徒手信号;夜间作业时,使用黄色灯光代替绿色灯光,按照手信号显示要求显示。

④列车司机协助工程车司机的调车作业,负责列车气制动的缓解和施加,车辆的技术状态是否良好,以及在推进运行时正确、及时地中转领车连结员的手信号。

(2)当调车人员不足时,可采用无线电台中转信号,调车组人员应加强联系,相互配合,确保调车作业的安全。

(3)当列车有电、有风进行调车作业,遇危及行车设备和人身安全时,列车上必须采取紧急停车措施。

### 六、车辆停留、防溜及止轮器存放的规定

(1)连接线、牵出线、洗车线、走行线(接发列车时除外)、试车线、咽喉道岔区,禁止存放列车,其他线路存放列车时,应经信号楼调度员1同意后方可占用。列车应停在线路两端信号机内方。

(2)工程车、轨道车停放在带电区时,应在上车顶扶梯处揭挂"高压电,禁止爬上"标志牌。

(3)平板车及列车停放在线路上不再调车时,应连挂在一起,并须拧紧两端手制动机,必要时放置铁鞋。因装卸设备需要不能连挂在一起时,应分组做好防溜,中间车组拧紧手闸,两端放置铁鞋。

(4)列车在停车库股道停留时,应施加停车制动。列车在定、临修线上停留时,应连挂在一起,两端放置铁鞋防溜。因维修需要不能连挂在一起时,应分组做好防溜,停放车辆两端放置铁鞋。

(5)调车作业应做到摘车时,先做好防溜(电客车应恢复气制动和停车制动,工程车应

紧手闸,必要时放置铁鞋),后再摘车;连挂时,挂妥后再撤除防溜。

(6)铁鞋应统一放置于调车车辆右侧的车轮下。

(7)在检修调度中心、工程车司机值班室各放置4只铁鞋;在内燃机车、接触网作业车上各放置2只铁鞋。

(8)在检修库、工程车库、停车库内各安放2个铁鞋箱,在每个铁鞋箱内均放置4只铁鞋。

(9)撤除防溜后,铁鞋应及时放归原位。

(10)铁鞋的使用情况及存放地点、铁鞋的数量应在交接班时交接清楚。

## 七、调车速度规定

(1)调车作业要准确掌握速度,在瞭望条件差、天气不良等非常情况下,应适当降低速度。
(2)调车速度不得超过表4-1中的规定。

调车速度　　　　　　　　　　表4-1

| 序号 | 项目 | 速度(km/h) |
| --- | --- | --- |
| 1 | 空线牵引运行 | 25 |
| 2 | 空线推进运行 | 15 |
| 3 | 在尽头线调车时 | 10 |
| 4 | 在维修线调车时 | 10 |
| 5 | 在库内调车时 | 5 |
| 6 | 接近被连挂车辆三、二、一车时 | 8、5、3 |
| 7 | 接近被连挂车辆时 | 3 |

## 八、调车安全规定

(1)工程车司机办理交接班作业的内容包括以下三个方面。

①列车状态、无线电台数量及状态、调车工具和备品情况。

②铁鞋的使用情况及存放地点、存放数量。

③安全及其他行车指示。

(2)在带电区段调车作业时,严禁调车人员攀登列车。

(3)上下车时,应停车,并选好地点,注意地面有无障碍物。

(4)在列车移动中,禁止下列行为。

①在平板车的侧板或端板、支架上坐立。

②站在车梯上探身过远。

③在车辆间站立或坐卧。

④骑坐车帮,跨越车辆。

⑤进入线路内摘管或调整钩位。

⑥在列车前后端坐立。

⑦上、下列车。

(5)处理车辆作业时,应注意以下几个方面。

①摘车时,应执行一关(关折角塞门)、二摘(摘风管)、三提钩的作业程序。

②摘接风管、调整钩位、处理钩销时,应等待车辆、车列停妥,并向司机显示防护信号。

③调整钩位、处理钩销时,禁止探身到两钩之间。

④使用折叠式手闸,须在停车时竖起闸杆,确认方套落下、月牙板关好、插销上好后方可使用。注意检查手闸链条是否良好。

(6)行走线路规定如下。

①调车员应走两线路之间显示信号,并注意邻线的列车动态。严禁在道心、轨枕头上行走,不准脚踏钢轨面、道岔连接杆、尖轨等。

②横越线路时,应一站、二看、三通过,注意左右列车的动态及脚下有无障碍物。

③横越停有列车的线路时,应先确认该列车暂不移动,然后在该列车较远处通过。严禁在运行中的列车前面抢越。

④不准在钢轨上、车底下、轨枕头上、道心里坐卧或站立,不准跨越地沟。

## 九、调车手信号规定

(1)调车手信号是指示调车作业的命令,有关行车人员应严格执行。

(2)车辆基地内调车作业手信号按《行车组织规则》的规定执行。

(3)显示信号时,应严肃认真,做到位置适当、正确及时、横平竖直、灯正圈圆、角度准确、段落清晰。手持信号旗的人员,应左手拿拢起的红旗,右手拿拢起的绿旗。

(4)发车(指示)信号显示方式如下。

①昼间:展开绿信号旗上弧线向列车运行方向作圆形转动。

②夜间:用绿色灯光上弧线向列车运行方向作圆形转动。

## 十、车辆基地内调车及运行时的安全注意事项

(1)司机首先应做到"四确认":确认股道及车组号正确;确认列车前端及司机室内无各类禁动牌、禁动标志;确认地沟、两侧及前方进路无人、无物侵入限界,库门开启正常无侵限;确认该股道隔离开关为送电状态,接触网有电,无挂接地棒。

(2)要清楚调车作业内容。

(3)采取"问路式"调车作业方式。

(4)动车前须确认信号及库门开启的情况,并鸣笛以示动车警告。

(5)出入车库限速5km/h,车站或车辆基地调车限速25km/h。

(6)尽头线调车时,自列车进入尽头线起严控车速,并留有10m安全距离,需进入10m安全距离时,必须降低速度。遇轨面潮湿时要提前制动,注意防滑起作用。

# 技能工作页

## 知识巩固

姓名：_____ 班级：_____ 学号：_____
训练起止时间：_____时_____分至_____时_____分 用时：_____时_____分

### 一、填空题

1. 基地内调车由_____担当调车领导人,调车指挥人由_____担当。
2. 调车作业的指挥原则是_____和_____。
3. 在尽头线上调车时,距线路终端应有_____安全距离,遇特殊情况应接近小于10m时,应与司机联系,严格控制_____并采取防溜措施。
4. 单机或牵引运行时,前方进路由_____确认;推进运行时,由_____确认。
5. 在库内调车时,调车速度最高不高于_____km/h;在尽头线调车时,调车速度最高不高于_____km/h。
6. 调车作业存放库取送车辆时,应在车库平交道口外_____,确认平交道口是否有障碍物或行人。

### 二、选择题

1. 调车领导人编制调车作业计划,应以(　　)下达。
   A. 电话形式　　B. 计算机形式　　C. 广播形式　　D. 书面形式
2. (　　)是指示列车运行及调车作业的命令,有关行车人员必须严格执行。
   A. 信号机　　B. 信号旗　　C. 信号　　D. 信号显示器
3. 要求列车停车的手信号,夜间为信号灯的(　　)灯光。
   A. 白色　　B. 红色　　C. 黄色　　D. 绿色
4. 如果调车作业防护距离不足,可能导致行车事故的风险防控。在尽头线上调车时,距线路终端应有(　　)m的安全距离。
   A. 5　　B. 10　　C. 20　　D. 30
5. 调车作业应包括牵引、推进两种,禁止(　　)调车。
   A. 越出站界　　B. 站间　　C. 反向　　D. 溜放
6. 在调车作业中列车司机发现调车信号发生突变时,应(　　)。
   A. 减速运行　　B. 立即停车　　C. 越过后停车　　D. 不停车通过

### 三、判断题

1. 为提高调车作业的效率,在实际调车作业中可以实行多人指挥的原则。　　(　　)

2. 调车作业应做到摘车时先做好防溜,后再摘车;连挂时,挂妥后再撤除防溜。（  ）
3. 车辆转向架液压减振器被拆除并空气弹簧无气时,禁止调车作业。（  ）
4. 在车库内调车时,速度可以达到10km/h。（  ）
5. 在车辆基地内调车通过平交道前,应一度停车,瞭望平交道是否有障碍物或行人,确认安全后方可继续通过平交道。（  ）

## 四、简答题

1. 调车作业的作用是什么？

2. 调车作业实现的功能有哪些？

3. 调车作业的基本要求是什么？

4. 调车作业前的准备有哪些？

5. 如何编制调车作业计划？

6. 禁止调车作业的情况有哪些？

7. 如何保障调车作业安全?

8. 工程车调动电客车时有什么规定?

# 技 能 训 练

姓名：_____ 班级：_____ 学号：_____

训练起止时间：_____时_____分至_____时_____分 用时：_____时_____分

利用电客车自身动力，在车辆段停车库把1312车由5股道调车至8股道。请按照所学知识完成调车作业，见表4-2。

调车作业　　　　　　　　　　　　　　　　　　　　　　　表4-2

| 序号 | 作业项目 | 司机 | 信号楼 | 注意事项 |
|---|---|---|---|---|
| 1 | 领取调车作业单 | | | |
| 2 | 整备作业 | | 信号楼："××车××道××端整备作业完毕，信号楼收到"。信号楼呼叫："××道××端至××道调车信号好，司机凭地面信号显示动车" | |
| 3 | 接受命令 | | | |
| 4 | 动车出库 | | | 如由B端调车出库，B端至A端需严格确认信号，在平交道口处应一度停车 |
| 5 | 牵出线换端 | | 信号楼："××车已在××道停稳并换端完毕，信号楼收到"。信号楼呼叫："××车××道至××道调车信号好，司机凭地面信号显示动车" | 对标停车后，通过CCTV确认尾端是否出清D1/D2信号机 |
| 6 | 动车回库 | | | 1. 沿途确认信号灯开放"白灯"、道岔位置正确并手指口呼，遇信号显示、道岔位置错误时，应立即停车，并报车场调度员。2. 如调车回B端，在A-B调车信号机前停车，手指确认信号机显示"白灯"及平交道口两侧无人、无异物侵限，口呼"白灯好，平交道口无人、无异物"后继续动车，与B端蹲车梯停车标对位停车 |
| 7 | 停车收车 | | 信号楼："××车在××道××端停稳，信号楼收到" | |

# 评价反馈

## 一、自我评价

根据本任务的学习情况,请在已完成的知识点和技能点前的方框内打"√"。

☐ 了解调车作业的定义和作用。
☐ 掌握调车作业的基本要求。
☐ 掌握正确编制调车作业计划。
☐ 掌握保障调车作业安全的措施。
☐ 掌握调车作业的规定。
☐ 掌握调车作业时合理控制调车速度。
☐ 工作页已完成并提交。
☐ 工作页未完成,未完成的原因:_____。

## 二、教师评价

1. 课后习题

☐ 已完成并提交。
☐ 未完成,未完成的原因:_____。

2. 作业工作页

☐ 已完成,质量较好。
☐ 已完成,质量一般。
☐ 未完成,未完成的原因:_____。

3. 7S评价

☐ 工具、学习资料摆放整齐。
☐ 环境整齐、干净。

## 任务二 调试作业

### 🎯 任务引导

列车的调试作业是对列车的各个系统的功能进行检验,是确保列车性能的关键环节。经过双周检及以上修程的列车首先在静态调试线进行静态调试,经过静态调试后的列车就要到车辆段试车线或正线进行动态调试,动态调试过程需要司机驾驶列车运行。本任务的调试作业仅指动态调试作业。

城市轨道交通列车在车辆段检修完成并经过静态调试后,司机如何驾驶列车进行动态调试并保证动态调试过程的安全?

### 🎯 课前思考

1. 为什么进行调试作业?
2. 静态调试和动态调试作业有何不同?
3. 试车线调试和正线调试作业在时间上有何不同?
4. 调试作业时应遵循什么原则?

### 🎯 理论储备

#### 一、调试作业的定义及分类

调试作业是对列车的各个系统(包括牵引系统、制动系统、信号系统、通信系统等)工作状态进行确认并进行参数调整,确保列车可以正常运行。如有问题或故障,需要工作人员进行识别并解决,确保列车能够恢复正常工作。

按照作业场所不同,调试作业可以分为正线调试作业和试车线调试作业。

#### 二、调试作业的原则

(1)严格执行"单一指挥"的原则。在调试作业前,司机必须确认调试负责人,要求其在"调试试验作业任务书"上签字,双方沟通作业内容及要求。在调试过程中,没有调试负责人的命令严禁动车,调试负责人指令不明确时,应立即停车或不动车。

(2)调试作业期间遇司机更换时,交班司机与接班司机应将调试作业内容、作业进度、注意事项、调试负责人等内容交接清楚,接班司机接班后应及时联系调试负责人;遇调试负责人更换时,新的调试负责人与司机必须互相确认,并重新签认调试任务书,如出现更换后指令与原计划不符时,应及时停车向行车调度员或信号楼汇报。

(3)原则上,试车线及正线调试作业必须有信号防护、车载信号系统正常启用;无信号系统防护的调试作业,必须由调试方出具调试方案。有调试方案的作业,班前必须认真学习调试方案,了解调试项目和作业方法,领会方案内容,确保不带疑问上车。在调试作业开始前要针对天气、线路、设备、作业内容做好安全预想。

(4)调试线路遇恶劣天气(如暴雨、大雨、大雾等)及照明不足,难以瞭望确认线路、道岔、信号等情况时,原则上禁止调试作业。

(5)在调试过程中,所有参与调试人员必须在作业现场,不能离开作业现场。有人需要上下车时,须征得调试负责人的同意,并向行车调度员/信号楼汇报,再次动车前调试负责人须确认所有人员已上车且现场安全,司机须与调试负责人确认后方可动车。

(6)在调试过程中,如遇列车状态异常、特殊情况和危及安全时,应立即采取停车措施,及时与调试负责人联系,并向行车调度员/信号楼说明情况,严禁擅自处理。退勤时填写行车事故/事件报告单。

(7)非FAM模式调试作业,司机负责列车驾驶,每次动车前,司机必须得到调试负责人的同意后方可动车,运行时要集中精力,密切注意列车运行前方的线路状况,严格执行行车调度员/信号楼命令及调试负责人指令。

(8)调试作业的相关命令、作业单应在作业结束后交回派班员留存。

(9)在调试作业前,司机须对调试列车进行整备作业,整备作业内容为车底检查和牵引制动试验。

(10)调试作业暂停2h以上,恢复动车前,必须对列车重新进行牵引制动试验,并对调试区或重新进行轧道。

(11)在调试作业结束后,调试负责人及相关调试人员下车后,司机须向行车调度员/信号楼汇报列车上调试人员已出清,并按其指令执行后续作业。

(12)在调试作业时,两名司机必须在同一端作业,一人驾驶,另一人监控辅助瞭望。

(13)在调试过程中,司机必须严格按照调试负责人指令动车,出现下列情况时,司机严禁动车,并将情况汇报行车调度员/信号楼。

①调试人员(含外方人员)不听劝阻且有危及行车及人身安全时。

②调试指令违反相关安全规定或规章(如速度超过最高规定、瞭望距离不足、轨行区异物侵限、擅自操作安全防护装置、飞乘飞降等)时。

③不具备动车条件(如列车上的设备未恢复正常位置、未进行制动试验等情况)时。

④无调试负责人在场时。

⑤调试作业计划不清或计划与实际有出入时。

⑥要求调试时速度高,但不满足有效制动距离时。

### 三、正线调试作业的程序

(1)司机在车辆段/停车场/正线派班室按规定出勤,确认车次、方向、进出场程序等作业内容,听取派班员讲安全注意事项,并针对调试内容、天气等情况做好安全预想。

(2)严格按规定进行电客车各项整备作业,发现异常时应及时按规定报告车场调度员。电客车整备作业完毕后,通知调试负责人,由调试负责人向信号楼值班员和行车调度员联系进路。

(3)动车前严格执行车场限速等各项相关规定,电客车到达转换轨时必须一度停车,和行车调度员核对调令并按其指示执行。

(4)按照派班室出勤时调度命令上的要求,保证调试电客车准时到达指定地点待命。电客车到达指定地点后,司机在车上待命,请销点手续由调试负责人办理。

(5)正线调试作业时,两名司机必须在同一端作业,一人驾驶,另一人监控辅助瞭望。

(6)司机按照调试作业要求,听从调试负责人指令进行作业。

(7)信号系统正常时,司机严格按照信号显示和调试负责人指令进行作业。信号系统切除时,司机要确认行车凭证和调试负责人指令,不得擅自动车,确认线路各区段限速值,控制电客车速度,严格按照电客车运行限制速度的规定执行。部分线路部分区段封锁调试时,严禁超出调试区域。

(8)在调试命令规定的封锁调试作业时间内,列车未完成调试任务和未到达指定待令车站时,司机应该主动停车报告行车调度员。

(9)调试作业结束后,由调试负责人办理销点手续,销点结束后,按行车调度员命令执行。

### 四、试车线调试作业的程序

(1)在运行中要严格执行手指口呼制度,对道岔、信号机要由近向远,依次呼唤确认。在运行中还需要加强接触网终点标的确认,防止进入无电区。

(2)电客车在车场内运行,凡遇调车信号不开放(包括显示不正确)时,司机必须在该信号机前停车,与信号楼值班员再次确认,信号显示正确后方可越过该信号机。

(3)在电客车进入试车线前,应在平交道口前一度停车,确认通往试车线的道岔位置正确方可动车,待电客车运行至试车线停车标处停车,司机与信号楼值班员联系,得到信号楼值班员"试车线进路已封锁,信号已开放,道岔已单锁,凭施工负责人指令动车"的通知后,司机方可动车。

(4)在调试作业前先进行轧道作业(试车线轧道前得到调试负责人允许后方可进行,轧道速度≤25km/h),轧道过程中司机应观察线路两侧有无异物侵入限界、有无人员作业,并做好安全预想。

(5)试车线调试最高允许速度限速60km/h,限速临界值允许短时(≤3s)波动3km/h,严格把控好速度。

(6)距离尽头线阻挡信号机100m时,运行速度不高于20km/h;距离尽头线阻挡信号机20m时,运行速度不高于5km/h;距离尽头线阻挡信号机10m时,必须停车。遇雨雪、大雾等恶劣气时,原则上禁止办理试车作业。

(7)车辆在试车线进行试验时,必须开启车载和试车线信号设备进行防护,除特殊测试项目外,任何参试人员严禁切除信号防护设备进行调试作业。

(8)试车线仅允许单列列车进行试车作业(除救援连挂作业),在允许列车上线试车前,必须确认在轨道上没有障碍物以及仅有授权的工作人员在试车线区域。

(9)调试前依次进行制动20km/h、40km/h、60km/h的制动试验。

### ❀ 行业榜样

#### "调试全能王"周峰的进阶之路

他是中车第二届"高铁工匠"、中车劳动模范、中车首席技能专家,是车辆电工高级技师、高级工程师。

他还是中车株洲电力机车有限公司城轨事业部城轨学院、金蓝领劳模创新工作室负责人。

他就是同事口中的"调试全能王"——周峰（图4-3）。

图4-3 中车首席技能专家周峰

"调试工作就是给动车组、地铁赋予生命的人。你会发现，车进到我们交车车间以后，灯亮了，'眼睛'会眨了，雨刷会动了，'嘴'会动了，能跑了，也能贴地飞行了，有种变活的感觉。"一说到调试工作，周峰便滔滔不绝。这位长年奋战在城轨生产一线的高技能领军人才，对列车调试工作倾注了太多心血。

2010年，周峰成为中车株洲电力机车有限公司的一员。作为职场新人，他虽行龄尚浅，但有着一股勇往直前的干劲儿，每天总是随身带一个小本子，里面密密麻麻地记录着各种试验的操作要领、程序指令和知识重点，"不懂就问"成了周峰加入公司后第一个座右铭，不断地向师傅们请教，再找时间按师傅们所讲解的方式方法去验证，试完不懂再问，直到自己能独立把问题解决。他将这种习惯一直保持下来，在平常的工作中慢慢积累，一点点成长，通过持续学习向更远的目标迈进。就这样，他的小本子换了一个又一个。

从记录着各种各样的操作要领、程序指令和知识重点，慢慢地变成了生产过程中的一些难点、疑点问题，以及一些很典型的案例。现在的他仍会在本子上继续做记录，记录一些需要完善的设计接口问题，或者工作时脑子里突然闪现的某个有利于生产作业的"点子"。

二十余本笔记本记录着他的一步步成长。不同的是，原来记录在册的一个个困惑，如今变成了对外培训输出的经验和素材。

"把小事做好，就是大事。任何一项工作都是一门学问，想要弄明白，就必须不断地去学习。"周峰感言。

从一名进厂学徒到车辆电工高级技师，从一名稚嫩的初学者到中车首席技能专家，从一个青涩的青年到"高铁工匠"，这一路周峰走了十余年。

一分耕耘一分收获！"高铁工匠""劳动模范""杰出青年岗位能手""技术标兵"……眼前的种种荣誉，在周峰看来，只是对不同人生阶段的短暂肯定，而他也在继续奋力奔跑，不断追梦，勇攀高峰。

（摘编自株洲晚报）

# 技能工作页

## 知 识 巩 固

姓名：_____ 班级：_____ 学号：_____

训练起止时间：_____时_____分至_____时_____分 用时：_____时_____分

### 一、填空题

1. 调试作业暂停2h以上，恢复动车前必须对列车重新进行_____，并对调试区域重新进行轧道。

2. 正线调试动车前严格执行车场限速等各项相关规定，电客车到达转换轨时必须_____和行车调度员核对调令并按其指示执行。

3. 距离尽头线阻挡信号机100m时，运行速度不高于_____；距离尽头线阻挡信号机20m时，运行速度不高于_____；距离尽头线阻挡信号机10m时，必须停车。

4. 车辆在试车线上进行试验时，必须开启车载和_____进行防护。

### 二、选择题

1. 调试作业时应执行（   ）原则。
   A. 多人指挥　　　　B. 上级指挥　　　　C. 单一指挥　　　　D. 集中指挥

2. 调试作业的相关命令、作业单应在作业结束后交回（   ）留存。
   A. 派班员　　　　　B. 行车调度员　　　C. 信号楼值班员　　D. 车场调度员

3. 调试作业前，司机须对调试列车进行整备作业，整备作业内容为（   ）以及牵引制动试验。
   A. 车内检查　　　　B. 车底检查　　　　C. 车上检查

4. 正线调试时，司机按照调试作业要求，听从（   ）指令进行作业。
   A. 调试负责人　　　B. 行车调度员　　　C. 车队长　　　　　D. 行车值班员

5. 调试作业结束后，由调试负责人办理销点手续，销点结束后，按（   ）命令执行。
   A. 调试负责人　　　B. 行车调度员　　　C. 车队长　　　　　D. 行车值班员

### 三、判断题

1. 在调试过程中，没有调试负责人的命令严禁动车，调试负责人指令不明确时，应立即停车或不动车。　　　　　　　　　　　　　　　　　　　　　　　　　　　　　　（　　）

2. 调试作业期间遇司机更换时，交班司机与接班司机可以不交接，由接班司机执行调试作业。　　　　　　　　　　　　　　　　　　　　　　　　　　　　　　　　　（　　）

3. 试车线及正线调试作业时，只要有信号防护，无车载信号，也可以正常执行调试作业。（　　）

4. 调试线路遇恶劣天气(如暴雨、大雨、大雾等)及照明不足,难以瞭望确认线路、道岔、信号等情况时,原则上禁止调试作业。(    )

5. 在调试过程中,所有参与调试人员根据工作需要可以离开作业现场。(    )

6. 调试作业时,两名司机必须在同一端作业,一人驾驶,另一人监控辅助瞭望。(    )

## 四、简答题

1. 什么是调试作业?

2. 如何进行正线调试作业?

3. 如何进行试车线调试作业?

# 技 能 训 练

姓名：_____ 班级：_____ 学号：_____
训练起止时间：____时____分至____时____分 用时：____时____分

某城市轨道交通运营公司车辆段架修作业完成的 0112 车，需要利用天窗时间完成正线调试作业。根据正线调试作业内容补充完成表 4-3。

正线调试作业  表 4-3

| 序号 | 步骤 | 注意事项 | 作业内容 |
| --- | --- | --- | --- |
| 1 | 在指定车站停稳后，等待调试负责人上车，与调试负责人签署调试任务书 | (1) 向调试负责人明确好调试项目、作业人数、运行区间、驾驶模式、运行速度以及调试所用车辆。<br>(2) 调试列车在车站未激活时，须按规定进行整备作业 | |
| 2 | 接书面调度命令并与行车调度员核对 | 明确好书面调令中的作业区间，严禁越出该区间作业 | |
| 3 | 核对完毕后，行车调度员发令："司机凭负责人指令进行调试作业"，司机复诵 | (1) 司机确认行车调度员命令"司机凭调试负责人指令进行调试作业"后，才可以凭调试负责人指令进行调试。<br>(2) 对于调试过程中调试负责人下发的不安全指令或违反规章的指令，司机要立即停止调试并报告行车调度员。<br>(3) 以 RM/非限模式运行时，除区间封锁调试外，任何越过禁止信号的作业均需严格按照《越过禁止信号和非限运行规定》执行 | |
| 4 | 凭调试负责人指令进行调试作业 | (1) 列车动车时，两端司机室通道门都要关闭，且司机室内只能有两名司机及一名调试负责人，司机只能凭调试负责人指令行车。<br>(2) 人员上下车需要经过调试负责人同意，调试负责人需要告知司机，再次动车时核对好车内人数，以防有人员遗漏在轨行区动车。<br>(3) 在调试过程中，调试负责人严禁离开司机室，如调试负责人未在司机室，严禁动车。<br>(4) 若调试区间内长时间无列车运行（大于 2h），需按规定进行压道作业（限速 25km/h） | |
| 5 | 在调试任务结束后，调试负责人在调试任务书上签署结束时间。司机报行车调度员："行车调度员，××次已在××站上/下行站台停稳，调试任务已结束。"后续按行车调度员命令执行 | 调试结束后如相关作业人员需要下车须得到行车调度员允许。如调试负责人中途变更，需要重新签署调试任务书，如与调试计划不符，司机有权拒绝调试并及时报行车调度员 | |

## 评价反馈

### 一、自我评价

根据本任务的学习情况,请在已完成的知识点和技能点前的方框内打"√"。
□了解调试作业的定义。
□了解调试作业的分类。
□掌握静态调试和动态调试的不同。
□掌握调试作业的原则。
□掌握正线调试的注意事项。
□掌握试车线调试的注意事项。
□掌握正线调试和试车线调试的不同。
□掌握正线调试的驾驶流程。
□掌握试车线调试的驾驶流程。
□工作页完成并提交。
□工作页未完成,未完成的原因:_____。

### 二、教师评价

1. 课后习题

□已完成并提交。
□未完成,未完成的原因:_____。

2. 作业工作页

□已完成,质量较好。
□已完成,质量一般。
□未完成,未完成的原因:_____。

3. 7S评价

□工具、学习资料摆放整齐。
□环境整齐、干净。

## 任务三 洗车作业

### 🌀 任务引导

列车在隧道、地面、高架运行过程中难免会沾染污迹,因此需要定期给列车"洗澡"。列车洗车作业是确保列车清洁和安全的重要环节。在洗车作业开始前,工作人员会检查设备和清洗剂,确保一切正常。列车进入洗车区域后,依次经过端洗、侧洗等步骤。在洗车过程中,工作人员会监控设备运行状态和清洗效果,以确保列车表面干净无污渍。

列车在洗车前会做好哪些准备?

### 🌀 课前思考

1. 为什么对列车进行洗车?
2. 洗车时的作业流程是什么?
3. 洗车作业分哪几种类型?

### 🌀 理论储备

#### 一、洗车作业的组织方式

列车洗车作业按组织方式可分为正线回场列车洗车作业和段内列车转线洗车作业。

正线回场列车洗车作业时,列车凭车场值班员指令由出(入)段线直接运行至牵出线;段内列车转线洗车作业时,列车凭车场值班员指令经牵出线换端后运行至洗车牵出线。

#### 二、洗车方式

洗车方式分为两种:侧洗和全洗。侧洗指的是只进行列车侧身清洗,一般洗车期间不停车,一次洗车完毕。全洗指的是进行列车侧身清洗和头部清洗。头部清洗时,Ⅰ、Ⅱ端司机室均需在规定端洗车位置停车,进行头端洗车,在洗车过程中需两次停车。

#### 三、洗车计划的编制

(1)结合运作命令开展的回场列车洗车作业,场段检修调度提前确定洗车计划;临时洗车计划,根据实际生产作业情况进行安排。

(2)场段检修调度填写电客车洗车计划安排表,确定洗车车号、清洗方式以及是否端洗,电客车洗车计划安排见表4-4。

(3)场段检修调度按照电客车洗车计划安排表安排电客车洗车。

(4)若遇因特殊情况取消洗车作业时,场段检修调度在电客车洗车计划安排表上签字确认。

电客车洗车计划安排　　　　　　　表4-4

| 日期 | | | | 预计时间 | ____时至____时 | | | |
|---|---|---|---|---|---|---|---|---|
| 序号 | 车号 | 清洗类型 | 是否端洗 | 是否完成洗车 | 列车回库时间 | 操作人 | 备注 | |
|  |  |  |  |  |  |  |  |  |
|  |  |  |  |  |  |  |  |  |
|  |  |  |  |  |  |  |  |  |
| 场段检修调度(调3)： | | | | 场段检修调度(调2)： | | | | |

## 四、洗车前的作业准备

(1)场段检修调度编写电客车洗车计划安排表，电客车洗车计划安排表应明确洗车数量、洗车列车号、清洗类型、是否端洗和列车回库时间。

(2)洗车操作人员对前一次洗车机运行情况进行检查确认，对列车洗车机进行开机前检查，并试机。

(3)开机检查：洗车机上电后，开启监控和工控机，在触摸屏上检查水位和对射光电是否正常，定量泵池内清洗液是否添加，空压机是否开启，端刷刷轴及其他部分是否在原位，如不在原位，可选择前端洗后，按"归零"键归零。

(4)端洗模拟：在自动状态下，按"端洗模拟"键，洗车机自动模拟端洗动作，对端洗部分进行预热和设备检查。

(5)选择洗车方式：根据洗车工艺要求和设备的状况，对"有无端洗""有无顶洗""有无洗条液""回水需不需要加热""出库需不需要吹干"进行选择。

## 五、洗车作业的流程

(1)司机接到洗车作业的命令后，应及时到达相应股道，对列车进行整备作业(回/段列车洗车时凭信号楼指令及车载、地面信号显示前往洗车库进行洗车作业)。

(2)整备作业完毕，联系信号楼，得到信号楼动车指令后，向信号楼值班员明确列车驾驶模式，确认信号机开放、库门开启到位、平交道口无人和无异物侵限后动车。

(3)运行至洗车库门前应一度停车，点击车辆屏驾驶界面特殊工况，选择"洗车模式"，确认两端刮雨器自动打至中间位，司机向洗车机操作人员报告车组号及列车位置，等待洗车信号开放后，限速3km/h缓慢前行进库洗车。当无法与洗车机操作人员联系时，严禁动车并报告信号楼。

(4)进行前端洗时，驾驶列车运行至"前端洗"停车标前对标停车，进行列车前端洗车。

(5)前端洗结束，待前端洗信号机显示绿色后，驾驶列车继续运行进行侧洗。

(6)进行后端洗时，驾驶列车运行至"后端洗"停车标前对标停车，进行列车后端洗车。

(7)后端洗结束，待后端洗信号机显示绿色后，驾驶列车继续运行进行侧洗。驾驶列车运行至"清洗结束"牌前对标停车，报信号楼，得到信号楼换端指令后，进行换端。

(8)换端完毕后报信号楼,凭信号楼动车指令,确认信号开放、道岔位置正确、库门开启到位后,进行回库作业。

(9)列车到达相应股道后,及时报信号楼,按其指令执行,下车后返回派班室。

## 六、洗车作业的标准

1. 正线回场列车洗车作业标准

(1)正线列车在从转换轨回库时,必须在信号机前一度停车,转换车载台到"车辆段"模式后和信号楼联系列车停车股道。

(2)在得知信号楼洗车作业通知后,司机按规定复诵后,凭信号机开放的"白灯"信号动车,严格遵守车场内的限制速度,确认信号、道岔位置正确。

(3)运行至平交道口前一度停车,然后限速5km/h运行至信号机前一度停车,等待洗车库工作人员送上400MHz电台。

(4)收到手持台后司机与洗车库工作人员联系,在得到洗车库工作人员的"可以进洗车库作业"指令后,确认洗车库门前的洗车机设备信号显示绿灯后(红灯必须停车),将列车驾驶模式转至"WM"位,限速3km/h运行。

(5)在运行中加强瞭望,严格按运营管理中心下发的《洗车作业操作规定》执行。

(6)洗车作业完毕后(与洗车作业人员联系确认),司机完成列车换端作业后,与信号楼联系("信号楼有没有,×道列车洗车作业完毕")。

(7)严格执行"问路式"调车,根据信号楼口头命令,并确认信号开放后动车,严格遵守出入洗车库限速3km/h的规定,在平交道口前一度停车。

(8)列车尾部过信号机后,司机完成换端作业后与信号楼联系回库作业。

2. 段内列车转线洗车作业标准

(1)有洗车作业需求。

(2)司机带好行车备品(400MHz电台、钥匙等)。

(3)做好"四确认",根据《列车检查作业标准》检查列车。

(4)检查作业完毕后,与信号楼联系。

(5)确认好洗车作业线路图。

(6)动车到信号机时,列车头部不得越过接触网终点标,列车尾部过信号机后才能换端作业。

(7)严格执行"问路式"调车的规定,以及作业标准化的相关规定,执行《洗车库作业规定》。

## 七、洗车作业的安全注意事项

1. 场段检修调度

(1)在执行洗车作业时,确保洗车库门开启。

(2)在洗车作业过程中,负责监控/操纵洗车机,并发送洗车指令及做好安全防护措施。

(3)在洗车作业中,如遇洗车设备故障,应及时通知各作业岗位,停止洗车。
(4)下达执行洗车计划,在调车单注意事项上明确自动洗或人工洗。
(5)操作ATS现地工作站,正确对洗车列车设置洗车模式,执行自动洗。
(6)操作ATS现地工作站,手动办理洗车进路,与车辆运维检修工做好车调联控,执行人工洗车。

2. 车辆洗车操作员

(1)严格按作业模式的要求,执行列车进出洗车库的洗车作业。
(2)在洗车过程中,按照场段检修调度员的洗车指令及洗车要求操控列车,并及时向场段检修调度员反映相关信息。
(3)在可能危及行车安全的情况下,应立即人工中断洗车作业。

3. 司机

(1)注意各行车信号灯的显示,不得冒进锁闭区。
(2)停车刷洗前、后端面时,前车头司机室窗玻璃垂直中心线,停在停位标志牌±0.5m区域内。刷洗后端面时,后车头司机室窗玻璃垂直中心线,停在停位标志牌±0.5m区域内。
(3)行车清洗速度应保持在3~4km/h,必须采用洗车模式,如低于1km/h或高于5m/h时,调整车速。
(4)行车时,司机应打开通话器,随时与操作人员联系或听取操作人员的指令;当无法与操作人员联系时,严禁动车。
(5)司机在清洗区发现任何危害行车及清洗工作故障时,应立即停车,报告给操作人员。
(6)注意观察端洗机构端刷是否停在端洗机构预定位置,使列车正常通过;端洗机构内有无风、水、电线误入车辆限界内。
(7)因洗车库内接触网是不带电的,所以列车在洗车时受电弓可能处在无电区内,并且ODU显示两个或四个牵引故障,此时推牵引无位移。司机需把受电弓落下再升起,一般故障会消失。
(8)洗车作业行车凭证:车载信号、地面信号、调度命令、洗车信号。

## 技能工作页

### 知识巩固

姓名：_____ 班级：_____ 学号：_____
训练起止时间：_____时_____分至_____时_____分 用时：_____分_____秒

#### 一、选择题

1. 城市轨道交通列车在洗车作业时，限速一般是（　　）。
   A. 3km/h　　　　B. 5km/h　　　　C. 10km/h　　　　D. 15km/h
2. 列车运行至洗车库门前一度停车，驾驶模式转换为（　　）。
   A. 限速向前模式　　　　　　　B. 限速向后模式
   C. 洗车模式　　　　　　　　　D. 自动驾驶模式
3. 司机在洗车作业中，行车备品中所用的电台是（　　）。
   A. 200MHz　　　　　　　　　B. 400MHz
   C. 600MHz　　　　　　　　　D. 800MHz

#### 二、填空题

1. 洗车作业时采用的行车凭证有_____、_____、_____、_____。
2. 司机接到洗车作业的命令后，应及时到达相应股道，对列车进行_____。
3. 司机驾驶列车运行至洗车库门前一度停车，选择"洗车模式"，确认两端刮雨器自动打至中间位，司机向洗车机操作人员报告_____及_____，等待_____开放后，限速_____缓慢前行进库洗车。

#### 三、判断题

1. 洗车作业时，司机注意各行车信号灯的显示，不得冒进锁闭区。（　　）
2. 洗车作业时，当司机无法与洗车机操作人员联系时，可以动车并报告信号楼。（　　）
3. 洗车作业完毕后，司机应当与洗车作业人员联系并确认洗车作业完毕。（　　）

#### 四、简答题

1. 洗车作业时采用哪种驾驶模式？

_____
_____
_____

2. 洗车作业时司机注意事项有哪些?
_____
_____
_____
_____

3. 洗车的流程是什么?
_____
_____
_____
_____

4. 洗车作业标准是什么?
_____
_____
_____
_____

## 技 能 训 练

姓名：_____ 班级：_____ 学号：_____
训练起止时间：_____时_____分至_____时_____分 用时：_____时_____分

根据洗车作业流程示意图(图4-4)完成洗车作业流程(表4-5)。

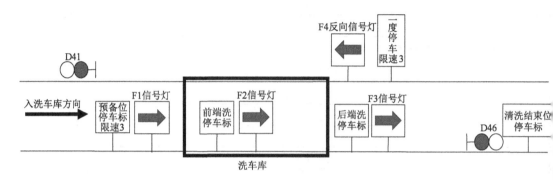

图4-4 洗车作业流程示意图

洗车作业流程 表4-5

| 序号 | 作业流程 | 备注 |
|---|---|---|
| 1 | 列车在转换轨×道/牵L-3道停稳后，联系信号楼。<br>司机："转换轨×道/牵L-3道××车司机呼叫信号楼。"<br>信号楼："转换轨×道/牵L-3道××车司机请讲。"<br>司机："××车已在转换轨×道/牵L-3道停稳，申请回库。"<br>信号楼："××车已在转换轨×道/牵L-3道停稳，申请回库，信号楼收到，××车转换轨×道/牵L-3道经洗L-19道至牵L-48/牵L-49道调车信号好，司机凭调车信号和洗车信号显示洗车，转换轨×道/牵L-3经洗L-19道至牵L-48/牵L-49道接触轨已送电。"<br>司机："××车转换轨×道/牵L-3道经洗L-19道至牵L-48/牵L-49道调车信号好，司机凭调车信号和洗车信号显示洗车，转换轨×道/牵L-3经洗L-19道至牵L-48/牵L-49道接触轨已送电，司机收到，完毕。" | 司机在洗车作业过程中如发现异常及时报告信号楼，严禁擅自动车 |
| 2 | 列车运行至洗车库前一度停车 | |
| 3 | 确认库前F1信号灯显示绿色箭头，确认两端刮雨器在"中位"位，将模式开关打至"洗车"位动车 | |
| 4 | F2信号灯显示红色箭头时，则在前端洗停车标处对标停车，进行前端洗；显示绿色箭头时，则继续运行进行侧洗 | |
| 5 | 运行至F3信号灯前，显示红色箭头时，则在后端洗停车标处对标停车，进行后端洗；显示绿色箭头且前方D46信号机白灯(显示蓝灯则联系信号楼)，则继续运行进行侧洗 | |

续上表

| 序号 | 作业流程 | 备注 |
|---|---|---|
| 6 | 运行至清洗结束位停车标处对标停车,将"模式开关"打至"限速向前"位,司机凭调车信号由L-19道运行至牵L-48/牵L-49道 | |
| 7 | 在牵L-48/牵L-49道停稳,换端完毕后联系信号楼。<br>司机:"牵L-48/牵L-49道××车司机呼叫信号楼。"<br>信号楼:"信号楼有,牵L-48/牵L-49道××车司机请讲。"<br>司机:"信号楼,××车洗车完毕,已在牵L-48/牵L-49道D4/D2信号机前停稳,换端完毕。"<br>信号楼:"××车洗车完毕,已在牵L-48/牵L-49道D4/D2信号机前停稳,换端完毕,信号楼收到,完毕。"<br>信号楼:"信号楼呼叫××道××车司机。"<br>司机:"××道××车司机有,信号楼请讲。"<br>信号楼:"××车,××道至××道调车信号好,确认地面信号动车,××道至××道接触轨已送电。"<br>司机:"××车,××道至××道调车信号好,确认地面信号动车,××道至××道接触轨已送电,司机收到,完毕。"司机确认进路正确动车 | 司机在洗车作业过程中如发现异常,及时报告信号楼,严禁擅自动车 |

注:司机在洗车作业过程中如发现异常,应及时报告信号楼,严禁擅自动车。

# 评价反馈

## 一、自我评价

根据本任务的学习情况,请在已完成的知识点和技能点前的方框内打"√"。

☐ 了解洗车作业的定义。
☐ 了解洗车作业的方式。
☐ 掌握洗车作业的流程。
☐ 掌握洗车作业的注意事项。
☐ 掌握洗车作业的标准。
☐ 掌握洗车作业的驾驶模式。
☐ 掌握列车入库洗车作业的规定。
☐ 工作页完成并提交。
☐ 工作页未完成,未完成的原因:_____

## 二、教师评价

1. 课后习题

☐ 已完成并提交。
☐ 未完成,未完成的原因:_____

2. 作业工作页

☐ 已完成,质量较好。
☐ 已完成,质量一般。
☐ 未完成,未完成的原因:_____

3. 7S 评价

☐ 工具、学习资料摆放整齐。
☐ 环境整齐、干净。

# 项目五
# 列车驾驶应急故障处理与列车救援作业

## 项目描述

城市轨道交通车辆故障处理工作是城市轨道交通列车驾驶的核心内容之一。由于城市轨道交通车辆由多系统组成,在行车过程中极容易发生故障导致列车无法运行,进而影响全线列车运行,因此在遇到车辆故障时,要掌握本岗位的故障处置技能,并且对非本专业应急工作有所了解,只有这样才能在紧急情况下快速反应,具备一定的应急处置能力。

在本项目中,以运行安全为标准,分析了车辆故障处理的基本方法与处理原则;详细分析了车辆各系统在运行中遇到突发故障时的处理方法;详细介绍了列车故障后的应急救援流程,对于提升司机的职业素养,促进司机的职业发展有着重要意义。

## 情境导入

某城市地铁在早高峰运行期间,列车进站后,全列车门无法自动打开,司机操作"强行开门"再次尝试开门,车门依然无法打开,最终确认列车零速继电器卡滞,操作"零速旁路"后车门正常打开,本次故障致使列车晚点发车3min41s。如果操作"零速旁路"后全列车门依然无法打开,后续应该如何处置呢?

## 学习目标

**知识目标**

1. 了解列车故障处理时的操作规范与要求。
2. 掌握列车故障判断的基本方法。
3. 掌握列车故障处理的基本方法。
4. 掌握列车信号类故障的类型及对应的处理方式。
5. 掌握列车车辆类故障的类型及对应的处理方式。
6. 了解列车救援的含义。
7. 掌握列车救援的方式。
8. 掌握列车救援的基本准则。

**能力目标**

1. 能够正确判断列车故障点与故障类型。
2. 能够正确处理信号类突发故障。
3. 能够正确处理车辆类突发故障。
4. 能够正确报告救援请求的内容。
5. 能够正确处置救援请求。
6. 能够正确进行救援调车作业。
7. 能够正确进行救援运行。

**素质目标**

1. 培养列车驾驶"安全第一"的意识。
2. 培养学生具有列车司机的职业素养。
3. 培养学生处理列车突发故障的能力。
4. 培养故障救援作业的意识。
5. 培养事故分析的能力。

## 任务一 排除故障的基本技巧

### 任务引导

列车发生故障之后,列车司机应该按照规定和要求汇报列车状态,并做好列车防护,待得到行车调度员同意后方可进行故障处置。一般情况下,故障列车的相关部位会显现明显迹象,通过指示灯、信号屏、车辆屏、空气开关的状态等可以基本判断列车故障点,进而采取相应的排除故障手段。

某次列车到站完成站台作业后,司机发现列车无法动车,司机查看车辆屏确认各系统列车状态,并点击车辆屏制动系统图标,发现1车两个制动图标显示为红色,提示1车制动系统故障。司机向行车调度员汇报后切除了1车制动系统的两个B05截断塞门,之后列车动车后限速运行至终点站退出服务。由此可见,通过车辆屏状态显示可以快速判断列车故障位置。请问:你知道我们还可以通过哪几种手段快速准确地判断列车故障吗?

### 课前思考

1. 除了从车辆屏可以判断列车故障,还可以从什么地方判断列车故障?
2. 车辆发生故障后,想要快速解决处理,有哪些方法?

### 理论储备

一、操作规范

(1)离开座椅时必须将主控手柄置于快速制动位。

(2)列车在站台时原则上开门处理(行车调度员有特殊要求的除外)。

(3)操作车辆设备时,必须手指口呼确认,严格执行"一确认,二停顿,再操作"的方式进行操作。

(4)需换端处理时,司机应及时恢复本端操作的设备(汇报行车调度员);非限模式驾驶前,司机需主动汇报本列车司机配置情况。

(5)载客列车故障处理过程中,要注意锁好隔间门、端门、客室设备柜门及箱盖。

(6)按照要求播放广播。

## 二、处理要求

故障处理过程中,司机离开司机室、降级 RM 模式、切除 ATP、重启列车以及采用应急运行前须报行车调度员同意后进行,其他操作原则上无须报行车调度员。在故障处理中,如行车调度员未通知司机 800MHz 电台打至应急组时,司机应主动将 800MHz 电台打至应急组,轮值人员介入后,司机须向轮值人员汇报处理进展,如轮值人员指导司机操作的内容与司机之前操作的内容重复时,司机需与轮值人员再次确定是否还需操作。

司机动车前(包括尝试动车),需将操作的设备统一汇报行车调度员(旁路信息可在驾驶界面点击旁路选项查看,多次尝试动车时操作的设备只需汇报一次)。尝试动车时,未经行车调度员同意,严禁越过禁止信号。动车前向行车调度员确定列车驾驶模式、运行的起点和终点、停靠的车站,以及其他需要注意的内容(车辆限速、列车损失的牵引力等)。

## 三、常见的排除故障技巧

### 1. 常用的故障判断方法

列车故障判断方法应尽可能简单明了、便于实施。对故障进行判断时,应依据列车相关部件的提示进行故障判断,主要有四种方式,即"一类灯、两块屏、三种压、四个柜"。

(1)灯。主要指指示灯的显示有无异常。

(2)屏。主要指车辆屏信息栏及各图标显示、信号屏各图标显示及信息提示。

(3)压。主要指双针压力表、列车网压及蓄电池电压等的指示数值是否正常。

(4)柜。主要指电气柜、设备柜、升弓柜、空调柜开关有无断开。

### 2. 常用的故障处理方法

(1)重试法。重试即当出现故障时再重试操作一次。例如出现车门无法打开或者无法关闭故障时,可通过再次按下"开/关门"按钮的方式处理故障。

(2)复位法。对故障部位对应的控制开关或断路器进行复位操作处理,从而使其恢复功能达到排除故障的目的。如列车出现升弓故障时,可通过复位 ATO 控制开关,达到消除故障的目的。

(3)切除法。对某些无法立即排除但会影响列车的运行及安全性能的故障,可通过切除的方法以维持列车运行。例如单节车气制动出现故障时,可通过切除相应车的气制动截断塞门(B05)维持列车继续运行。

(4)切换法。列车某些系统通常为主、备冗余配置,当出现故障时,可通过主、备用系统或设备进行切换来维持列车正常运行。如车门控制命令"网络硬线"转换开关等。

（5）旁路法。当列车发生车门、停车制动、气制动等系统故障时，可通过操作旁路开关隔离相关系统进行处理。例如车门无法关闭时，可操作"门关好旁路"使列车不再对车门状态进行监视。

（6）重启法。重启法即切断设备电源后重新供电，让设备重新启动。例如当列车HMI屏黑屏时，可通过关闭HMI屏电源，重启电源的方法尝试消除故障。

# 技能工作页

## 知 识 巩 固

姓名：_____ 班级：_____ 学号：_____
训练起止时间：_____时_____分至_____时_____分 用时：_____时_____分

### 一、填空题

1. 出现停放制动无法缓解故障时，可通过再次按下"停放制动缓解"按钮的方式处理故障，这种方法叫作_____法。
2. 故障处理中，如行车调度员未通知司机_____打至应急组时，司机应主动打至应急组。
3. 故障处理尝试动车时，未经_____同意，严禁越过禁止信号。
4. 出现车门无法打开或者无法关闭故障时，可通过再次按下"开/关门"按钮的方式处理故障，这种方法叫作_____法。

### 二、判断题

1. 如列车出现车门故障时，可通过复位车门控制开关，达到消除故障的目的，这种方法叫作复位法。（    ）
2. 单个车门故障时，可切除单个车门，这种方法叫作切除法。（    ）
3. 操作车辆设备时，必须手指口呼确认，严格执行"一确认，二停顿，再操作"的方式进行操作。（    ）
4. 载客列车故障处理过程中，要注意锁好隔间门、端门、客室设备柜门及箱盖。（    ）
5. 对某些无法立即排除但会影响列车的运行及安全性能的故障，可通过切除的方法以维持列车运行。（    ）

### 三、简答题

1. 简述列车常见的故障处理方法中重启法的含义并举例。

_____
_____
_____
_____

2. 简述列车常见的故障处理方法中旁路法的含义并举例。

_____
_____
_____

3. 简述列车常见的故障处理方法中切换法的含义并举例。

_____
_____
_____
_____

## 技 能 训 练

姓名：_____ 班级：_____ 学号：_____
训练起止时间：_____时_____分至_____时_____分 用时：_____时_____分

当列车发生故障时，司机需要通过各种方法来判断故障位置及故障类型，请在表5-1中说明"一类灯、两块屏、三种压、四个柜"具体确认的是列车的哪些部位或者部件。

**车辆故障判断方法任务工单** 表5-1

| 序号 | 故障判断方法 | 作业内容 |
|---|---|---|
| 1 | 一类灯 | |
| 2 | 两块屏 | |
| 3 | 三种压 | |
| 4 | 四个柜 | |

# 评 价 反 馈

## 一、自我评价

根据本任务的学习情况,请在已完成的知识点和技能点前的方框内打"√"。
□掌握了应急处置的操作规范。
□掌握了应急处置的处理要求。
□掌握了列车故障常见的排除故障技巧。
□工作页已完成并提交。
□工作页未完成,未完成的原因:＿＿＿＿＿＿＿＿＿＿＿＿＿＿＿＿

## 二、教师评价

1. 工作页

□已完成并提交。
□未完成,未完成的原因:＿＿＿＿＿＿＿＿＿＿＿＿＿＿＿＿

2. 图框、标题栏的绘制

□已完成,质量较好。
□已完成,质量一般。
□未完成,未完成的原因:＿＿＿＿＿＿＿＿＿＿＿＿＿＿＿＿。

3. 7S评价

□工具、学习资料摆放整齐。
□环境整齐、干净。

## 任务二 列车常见故障处理

### 🔄 任务引导

列车设备经过长时间的使用后,容易出现磨损、老化等问题。工作人员的疏忽或操作不当,也可能导致设备损坏或系统故障。同时,乘客的不当行为也可能对列车设备造成损害,进而引发故障。自然环境因素也是影响列车产生故障的主要原因之一。导致列车故障的原因非常复杂,一旦发生故障,如果不能快速处理,将会导致列车晚点。因此,作为司机掌握各类列车故障的应急处置至关重要。

某城市轨道交通运营企业的某次列车在运行过程中,司机发现车辆屏显示第二节车整侧车门显示为红色,关门灯不亮,但没有具体车门故障信息,司机操作开门后再次关门,车门状态不能恢复正常,司机到现场查找故障车门,发现第二节车6/8号车门没有关上,司机手动关门并切除车门,延误3min55s后动车。图5-1为司机正在对车门进行切除。请问:车门除了无法关闭的故障,你还知道哪些车门故障的类型?我们又该如何处置呢?

图5-1 车门切除

### 🔄 课前思考

1. 列车故障可以分为哪两大类?
2. 列车发生故障后,经处置故障无法消除,应如何处置?

### 🔄 理论储备

### 一、信号类故障处理

#### 1. 列车信号屏(TOD)故障

TOD故障应急处理见表5-2。

**TOD故障应急处理** 表5-2

| 序号 | 故障现象 | 应急处理方法 | 说明 |
|---|---|---|---|
| 1 | TOD黑屏、白屏、卡屏 | (1)ATO模式下,不影响ATO正常运行;停站时,司机向行车调度员申请断合TOD电源重启TOD。<br>(2)PM模式下,转ATO模式运行;停站时,司机通过断合TOD电源重启TOD。<br>(3)若TOD重启未恢复,当列车到达终点站后退出服务。<br>(4)若TOD黑屏时,列车无法正常转为ATO模式运行,切除ATP运行 | (1)司机可以根据DTI的倒计时确认发车时机。<br>(2)TOD重启时间约为30s |
| 2 | TOD花屏 | (1)如果花屏范围不影响行车信息的显示,不影响行车,不需要处理。<br>(2)如果花屏范围较大,影响行车信息的显示,处理方法同TOD黑屏 | |

续上表

| 序号 | 故障现象 | 应急处理方法 | 说明 |
|---|---|---|---|
| 3 | TOD 触屏功能失效 | (1)若列车以 ATO/PM 模式运行,则以当前模式继续运行。<br>(2)若点式 PM/点式 ATO 模式列车在正线运行,则以当前模式继续运行。<br>(3)若须切换至点式 PM/点式 ATO 模式,但无法切换,则司机切除 ATP 运行 | — |

## 2. 车门、站台门联动故障

车门、站台门联动故障应急处理见表5-3。

车门、站台门联动故障应急处理  表5-3

| 序号 | 故障现象 | 应急处理方法 | 说明 |
|---|---|---|---|
| 1 | 停站后列车不能开门 | (1)司机确认列车是否停准:TOD屏"绿车"是否显示。若没有停准,则手动对标停车,再进行开关门操作。<br>(2)若TOD屏显示"绿车"但还是不能开门,则司机降级到RMF模式通过门使能开关进行开关门操作;若无法降级到RMF模式通过门使能开关进行开关门操作,则切除ATP进行开关门作业,作业完毕后,以RMF模式动车,沿途尽快升级CBTC模式 | — |
| 2 | 开门时车门打开,站台门未联动打开 | (1)司机确认按压开门按钮2s以上。<br>(2)如果仍无法打开站台门,则司机优先选择二次按压开门按钮2s以上;如果仍无法打开站台门,则司机将PSL使能钥匙开关右旋打至"操作允许"挡位,按压相应的开门按钮保持2s以上打开站台门 | (1)按压开门按钮应至少保持2s。<br>(2)司机关门时待站台开始动作时再松开关门按钮,并确认站台门已经完全关闭 |
| 3 | 关门时车门关闭,站台门未联动关闭 | (1)司机确认按压关门按钮2s以上。<br>(2)如果仍无法关闭站台门,则司机优先选择二次按压关门按钮2s以上;如果仍无法关闭站台门,则将PSL使能钥匙开关右旋打至"操作允许"挡位,按压相应的关门按钮保持2s以上关闭站台门 | 车门关闭时站台门不联动<br>(1)按压关门按钮应至少保持2s。<br>(2)司机关门时待站台开始动作时再松开关门按钮,并确认站台门已经完全关闭 |
| 4 | 整侧站台门故障;ATS工作站显示站台门打开 | (1)车站人员向行车调度员申请操作互锁解除接发列车。<br>(2)行车调度员及时通知站台门、信号专业进行故障处理 | — |

## 3. 列车紧急制动故障

列车紧急制动故障应急处理见表5-4。

表5-4 列车紧急制动故障应急处理

| 序号 | 故障现象 | 应急处理方法 | 说明 |
|---|---|---|---|
| 1 | TOD上模式未丢失，列车施加紧急制动 | 司机缓解紧急制动，确认模式正常，以原有模式继续运行 | 以PM/ATO模式继续正常行驶 |
| 2 | TOD上可用模式丢失，列车施加紧急制动 | (1)列车停车后，司机以RMF模式缓解紧急制动，以RMF模式运行直到建立PM/ATO模式。<br>(2)特殊情况下(例如，通过前方信号机后仍无法升级的)，司机听从行车调度员指令在激活端切除ATP组织行车 | — |
| 3 | 列车施加紧急制动，且紧急制动无法缓解 | (1)司机降级到RMF模式，缓解紧急制动。<br>(2)若紧急制动仍然无法缓解，则司机在激活端切除ATP运行，采用非限模式尝试缓解紧急制动；若缓解成功，则行车调度员组织故障车清客下线 | — |

## 4. 进站冲标、欠标故障

进站冲标、欠标故障应急处理见表5-5。

表5-5 进站冲标、欠标故障应急处理

| 序号 | 故障现象 | 应急处理方法 | 说明 |
|---|---|---|---|
| 1 | 列车进站时以ATO过冲站台停车点 | (1)列车过冲不超过5m，TOD上会提示"黄车"，司机使用RMR模式倒车对标。<br>(2)列车过冲超过5m，TOD上会提示"红车"，可以判断列车过冲超出范围，司机报行车调度员，按行车调度员指示执行 | RMR模式运行限速5km/h，允许后退距离5m |
| 2 | 列车进站时ATO欠标 | 司机以PM模式手动对标 | — |

## 5. 车载设备其他类故障

车载设备其他类故障应急处理见表5-6。

表5-6 车载设备其他类故障应急处理

| 序号 | 故障现象 | 应急处理方法 | 说明 |
|---|---|---|---|
| 1 | TOD出现RAD打叉信息(单列车、单次) | (1)若未产生紧制，RAD打叉消失，则以ATO/PM模式继续运行。<br>(2)若未产生紧制，RAD打叉未消失，则建立BM强缓模式以点式ATO/点式PM模式运行；若RAD打叉消失，则尽快升级CBTC模式，以ATO/PM模式继续运行。<br>(3)若产生紧制，RAD打叉未消失，则建立RM模式缓解紧制后，尽快升级BM强缓模式以点式ATO/点式PM模式运行；若RAD打叉消失，则尽快升级CBTC模式 | 警告：司机在站台按压了无人驾驶自动折返发车按钮后，若列车未按预期发车，则需从按压按钮开始，至少等待69s后才能允许再次返回司机室 |

续上表

| 序号 | 故障现象 | 应急处理方法 | 说明 |
|---|---|---|---|
| 2 | TOD出现RAD打叉,同时单次列车单程两次出现紧制 | (1)若车载CC显黄时,则切除ATP以非限模式运行。<br>(2)若车载CC状态正常,则建立BM强制模式以点式ATO/点式PM模式运行 | 车载CC冗余故障时,TOD上CC显黄 |
| 3 | TOD显示站台门状态未知 | (1)司机将PSL使能钥匙开关右旋打至"操作允许"挡位,按压相应的开、关门按钮保持2s以上开关站台门。<br>(2)TOD上站台门状态显示未知"?",无推荐速度,则组织列车确认安全,以RM模式动车(此情况下RM模式只保持17s,需在17s内动车,否则列车自动升级为PM模式,无推荐速度),列车动车后自动升级为PM模式 | 以RM模式组织动车前,须确认站门、车门关好,无夹人、夹物现象。列车无推荐速度,须同时确认进路状态正常 |

**6. 信号机故障**

信号机故障应急处理见表5-7。

信号机故障应急处理　　　　　　　　　　　　　　　　表5-7

| 序号 | 故障现象 | 应急处理方法 | 说明 |
|---|---|---|---|
| 1 | 允许信号故障 | 在CBTC模式下(以ATO/PM/ATB模式驾驶),信号机灭灯为正常显示,司机根据列车TOD的显示信息正常行车 | 无影响 |
| | | (1)在点式模式下(以RMF或者点式PM模式驾驶),遇到允许信号无法点亮,司机须在此信号机前停车,确认安全,保证列车不越过此信号机,必要时可开放引导信号。<br>(2)司机所有关于行车的操作,须听从行车调度员指挥,行车时须注意瞭望,随时注意停车 | 信号机显示红灯,中央ATS工作站上信号机灯头红闪 |
| 2 | 禁止信号故障 | 在CBTC模式下(以ATO/PM/ATB模式驾驶),信号机灭灯为正常显示,司机根据列车TOD的显示信息正常行车 | 无影响 |
| | | (1)在后备模式下(以RMF或者点式PM模式驾驶),遇到禁止信号无法点亮,司机须在此信号机前停车,确认安全,保证列车不越过此信号机。<br>(2)司机所有关于行车的操作,须听从行车调度员指挥,行车时须注意瞭望,随时注意停车 | 信号机显示灭灯,中央ATS工作站上信号机灯头红闪 |

**7. 车地通信中断(DTI)故障**

DTI故障应急处理见表5-8。

**DTI 故障应急处理**　　　　　　　　　　　　　　　　　　　　　　　表 5-8

| 序号 | 故障现象 | 应急处理方法 | 说明 |
|---|---|---|---|
| 1 | DTI 不显示 | 若发生此类故障,可采取以下措施。<br>(1)司机报告故障,按照行车调度员指令或者运营时刻表发车。<br>(2)行车调度员及时通知信号专业进行故障处理 | — |
| 2 | 不计时 | | |
| 3 | DTI 计时错误 | | |

## 二、车辆类故障应急处理

### 1. 制动故障

制动故障应急处理见表 5-9。

**制动故障应急处理**　　　　　　　　　　　　　　　　　　　　　　　表 5-9

| 序号 | 现象 | 处理建议 | 备注 |
|---|---|---|---|
| 1 | 列车紧急制动无法缓解 | (1)检查 HMI 屏,确认紧急制动提示条件界面,是否有紧急制动提示信息:<br>①如提示"警惕延时继电器紧急制动",则尝试使用 ATO 模式运行至终点站并备车替开。如无法建立 ATO 模式,将驾驶端司机室电气柜内警惕按钮旁路"SKDMB"置于强制位,重新缓解紧急制动,如无效则将本端司机室电气柜内紧急制动旁路旋钮"SKEBB"打至强制位,尝试缓解紧急制动。<br>②如提示"紧急制动按钮紧急制动",检查受电弓是否异常降弓,检查本端司机室紧急制动按钮是否被按下,如被按下则恢复。如本端司机室紧急制动按钮未按下,则至尾端司机室恢复紧急制动按钮后再返回升弓动车。<br>③如提示"总风压力低紧急制动",则检查主风管压力:<br>　a. 风压正常,则将总风压力旁路旋钮"SKMPB"打至强制位尝试动车,如不能动车,则将紧急制动短路旋钮"SKESS"打至强制位,尝试动车,并在运行中关注空压机工作状态。<br>　b. 风压异常(低于 6bar(0.6MPa)),则将本端司机室总风压力旁路旋钮"SKMPB"打至强制位,将紧急制动短路旋钮"SKESS"打至强制位,尝试运行至就近车站,并在清客后进入就近存车线,在运行中时刻关注总风压变化,在行驶过程中尽量减少制动次数。如总风压低于 500kPa,则操作常用制动停车后申请救援。<br>④如提示"超速紧急制动",则将列车停车后重新缓解紧急制动。如无效,则将本端司机室电气柜内紧急制动旁路旋钮"SKEBB"打至强制位,尝试缓解紧急制动。<br>⑤如提示"信号输出紧急制动",则检查信号屏故障提示,按照信号故障处理程序处理,优先尝试降级缓解紧急制动,如紧急制动无法缓解,则切除 ATP,切除前报告行车调度员。<br>(2)如 HMI 屏提示"其他原因紧急制动",或依照以上操作未能缓解紧急制动:<br>①检查司机台各指示灯状态是否正常,电气柜内空开是否在正常位,如有异常跳断,尝试重新闭合。<br>②分合主控钥匙、分合本端司机室紧急制动电源断路器"QFEB"后尝试缓解紧急制动,如无效,则将本端司机室电气柜内紧急制动旁路旋钮"SKEBB"、紧急制动短路旋钮"SKESS"打至强制位,运行至下一站清客并备车替开。<br>③若仍无法动车,则将本端司机室电气柜内应急运行旋钮"SKEMP"打至应急位,尝试牵引,如无效,则切除本端司机室 ATP,尝试牵引,如无效,则申请救援 | <br>列车紧急制动不缓解(1)<br><br>列车紧急制动不缓解(2)<br>(1)按下紧急制动按钮后,高速断路器会断开,受电弓降下。<br>(2)当列车蜂鸣器响起后 3s 内按压警惕按钮,列车不触发紧急制动。当列车蜂鸣器响起 3s 后列车自动触发紧急制动,在紧急制动过程中按压警惕按钮,不能缓解紧急制动,必须停车后按正常操作流程才能缓解 |

续上表

| 序号 | 现象 | 处理建议 | 备注 |
|---|---|---|---|
| 2 | 部分车厢常用制动无法缓解(HMI制动图标显示黑色) | (1)查看司机操纵台制动不缓解故障指示灯亮,将制动不缓解旁路"SKNRB"置于强制位,缓解紧急制动后持续按压强迫缓解按钮,同时尝试动车,查看HMI驾驶界面和制动界面,如全部车厢制动可缓解(HMI制动图标变为绿色,司机台制动缓解指示灯亮),维持运行至终点站并备车替开(优先选择ATO模式运行,如无效则尝试PM模式)。<br>(2)如强迫缓解无效,故障车厢制动依然无法缓解,则将制动不缓解旁路"SKNRB"置于强制位,尝试动车,记录制动未缓解的转向架位置后立刻停车。<br>①至故障车厢切除相应转向架B05阀,数量不大于2个,运行至终点站并备车替开。<br>②至故障车厢切除相应转向架B05阀,数量达到3个,运行至下一站清客后进入就存车线,并备车替开。<br>③如故障状态转向架数量达到5个,则尝试分合全部故障车厢"QFBCU"断路器,重启BCU,故障数量少于5个后,切除故障制动单元B05阀,运行至下一站清客后进入就近存车线 | (1)切除1个转向架B05阀门,列车限速85km/h。<br>(2)切除2个转向架B05阀门,列车限速75km/h。<br>(3)切除3个转向架B05阀门,列车限速65km/h。<br>(4)切除4个转向架B05阀门,列车限速55km/h。<br>(5)切除5个转向架B05阀门,牵引封锁 |
| 3 | 部分车厢常用制动故障(HMI制动图标显示红色、灰色、黄色) | (1)制动状态图标显示黄色、灰色,报轻微故障,运行至终点站并备车替开,分合故障车厢电气柜内制动单元断路器"QFBCU"。<br>(2)制动图标显示红色,报严重故障。如能动车,运行至终点站并备车替开;如不能动车,将制动不缓解旁路"SKNRB"打至强制位,切除故障制动单元的转向架B05阀,切除数量的后续措施参考"部分车厢常用制动无法缓解" | 列车气制动图标显示红点 |
| 4 | 快速制动无法缓解 | (1)检查司机室电气柜内牵引控制"QFPP"是否跳开,如跳开则恢复。<br>(2)多次操作主控手柄,尝试缓解快速制动 | — |
| 5 | 全列车停放制动不缓解(停放制动施加灯常亮) | (1)重新操作停放制动施加、缓解,如无效则分合主控钥匙后重新操作停放制动施加、缓解按钮。<br>(2)如无效则分合司机室电气柜内制动控制单元"QFBP"断路器,重新尝试缓解停放制动。<br>(3)如无效则换端到尾端司机室操作停放制动缓解按钮,停放制动缓解后返回原司机室继续运行至终点站并备车替开。<br>(4)如换端操作无效,则关闭尾端主控钥匙,下车截断停放制动隔离阀(B11)后,操作停放制动缓解拉绳,返回头端司机室,将司机室电气柜内停放制动旁路开关"SKPBB"置于强制位后尝试全牵引动车,运行至终点站并备车替开 | 列车停放制动施加、缓解灯不亮<br>B11截断操作不方便时,可以用切除故障车厢二位架B05替代 |
| 6 | 部分车厢停放制动不缓解(停放制动施加灯常亮) | (1)重新操作停放制动施加、缓解,如无效则分合主控钥匙后重新操作停放制动施加、缓解按钮。<br>(2)如无效则尝试全牵引动车,运行至终点站并备车替开。<br>(3)如无效则检查HMI屏记录停放制动故障的转向架位置,下车截断故障车厢停放制动隔离阀(B11)后,操作故障车厢两个转向架的停放制动缓解拉绳,返回司机室,将司机室电气柜内停放制动旁路开关"SKPBB"置于强制位后尝试全牵引动车,运行至终点站并备车替开 | — |

续上表

| 序号 | 现象 | 处理建议 | 备注 |
|---|---|---|---|
| 7 | 停放制动缓解灯常亮,HMI停放制动图标显灰 | 重新操作停放制动施加、缓解,尝试牵引动车,如能动车,则运行至终点站并备车替开;如不能动车,则将司机室电气柜内停放制动旁路开关"SKPBB"置于强制位后尝试全牵引动车,运行至终点站并备车替开 | — |
| 8 | 空压机故障 | (1)一台空压机不能启动:列车使用另一台空压机维持运行至终点站并备车替开。<br>(2)全列车空压机不能启动:<br>①强迫泵风有效,根据耗风情况按压强迫泵风按钮:750kPa时按压强迫泵风,900kPa时松开。维持运行至终点站,并备车替开。<br>②强迫泵风无效,将总风旁路"SKMPB"打至强制位,紧急制动短路旋钮"SKESS"打至强制位,尝试运行至就近车站,在清客后进入就近存车线,在运行中要时刻关注总风压变化,在行驶过程中要尽量减少制动次数,如总风压低于500kPa,应操作常用制动停车后,申请救援 | — |

## 2. 辅助系统故障(HMI屏显示)

辅助系统故障(HMI屏显示)应急处理见表5-10。

**辅助系统故障(HMI屏显示)应急处理** 表5-10

| 现象 | 处理建议 | 备注 |
|---|---|---|
| 一台辅助逆变器SIV严重故障 | 一台SIV故障停机:<br>(1)故障的SIV会自动重启。如果能重启成功,则继续运营。<br>(2)如果自动重启不成功,运行至下一站操作复位按钮。若故障消除,则继续运营。<br>(3)如复位操作无效:<br>①故障SIV为驾驶端时,运行至下一站断合SIV电源断路器"QFSIV",无论故障是否消除,运行至终点站并备车替开。<br>②故障SIV为非驾驶端时,运行至终点站并备车替开。在终点站断合故障车SIV电源断路器"QFSIV",若故障消除则继续运营;若操作无效则退出服务 | 辅助逆变器图标显示异常<br>当两台辅助逆变器同时停机时,在网压正常时如无380V输出,则查看HMI屏是否触发辅助停机按键。如触发停机按键,则将其恢复 |

## 3. 牵引系统故障

牵引系统故障应急处理见表5-11。

**牵引系统故障应急处理** 表5-11

| 序号 | 现象 | 处理建议 | 备注 |
|---|---|---|---|
| 1 | 高速断路器无法闭合,指示灯不亮,HMI屏显示HSCB为故障 | (1)一个高速断路器故障,导致一个牵引逆变器未投入:<br>①运行至就近站,按压司机操纵台"复位"按钮,若故障消除则继续运营。<br>②如无效则运行至终点站并备车替开。在终点站按压司机操纵台上的"高断分"按钮,断合故障车(Mp、M车)电气柜断路器箱控制电源断路器"QFHB",按压司机操纵台上的"高断合"按钮。<br>③若故障消除则继续运营,否则退出服务。 | 主断合灯不亮 |

续上表

| 序号 | 现象 | 处理建议 | 备注 |
|---|---|---|---|
| 1 | 高速断路器无法闭合,指示灯不亮,HMI 屏显示 HSCB 为故障 | (2)两个及以上高速断路器故障,导致两个及以上牵引逆变器未投入:<br>①维持列车进站,检查网压是否在DC1000～1800V范围内。<br>②按压司机操纵台上的"复位"按钮。<br>③如无效,依次按压司机操纵台上的"高断分""高断合"按钮,若故障消除则继续运营。<br>④如无效,则按压司机操纵台上的"高断分"按钮,断合故障车(Mp、M车)电气柜断路器箱控制断路器"QFHB",按压司机操纵台上的"高断合"按钮,若故障消除则继续运营。<br>⑤如故障仍存在,则清客后运行至就近存车线并退出服务 | |
| 2 | 牵引系统故障 | (1)牵引逆变器轻微故障。<br>①两个及以下牵引逆变器轻微故障,则维持列车运行至终点站,按压司机操纵台上的"复位"按钮,无论是否恢复,均可继续运营。<br>②两个以上牵引逆变器轻微故障,则维持列车运行至终点站并备车替开。在终点站做以下操作。<br>a. 按压司机操纵台上的"复位"按钮。<br>b. 如无效,则按压司机操纵台上的"高断分"按钮,断合故障车(Mp、M)VVVF控制断路器"QFVF",按压司机操纵台上的"高断合"按钮。操作方向手柄至前向位,若故障消除则继续运营,否则退出服务。<br>(2)牵引系统中等、严重故障。<br>①一个牵引逆变器故障:<br>a. 运行至就近站,按压司机操纵台上的"复位"按钮,若故障消除则继续运营。<br>b. 如无效,则运行至终点站并备车替开。在终点站按压司机操纵台上的"高断分"按钮,先断开故障车(Mp、M)VVVF控制断路器"QFVF"再断开断路器箱控制断路器"QFHB",约7s,再依次合上"QFHB""QFVF",等待10s,按压司机操纵台上的"高断合"按钮,操作方向手柄至前向位,若故障消除则继续运营,否则退出服务。<br>②两个牵引逆变器中级、严重故障:<br>a. 维持列车进站,检查网压是否正常。<br>b. 按压司机操纵台上的"复位"按钮。<br>c. 如无效则依次按压司机操纵台上的"高断分""高断合"按钮,操作方向手柄至前向位,若故障消除则继续运营。<br>d. 如无效则按压司机操纵台上的"高断分"按钮,先断开故障车(Mp、M)VVVF控制断路器"QFVF",再断开断路器箱控制断路器"QFHB",约7s,再依次合上"QFHB""QFVF",等待10s,按压司机操纵台上的"高断合"按钮,操作方向手柄至前向位,若故障消除则继续运营。<br>e. 如无效则清客后运行至就近存车线并退出服务。<br>③三个及以上牵引逆变器中级、严重故障:<br>a. 停车处理,查看网压是否正常。<br>b. 按压司机操纵台上的"复位"按钮。<br>c. 如无效则依次按压司机操纵台上的"高断分""高断合"按钮,操作方向手柄至前向位,若故障消除则继续运营。<br>d. 如无效则按压司机操纵台上的"高断分"按钮,先断开故障车(Mp、M)VVVF控制断路器"QFVF",再断开断路器箱控制断路器"QFHB",约7s,再依次合上"QFHB""QFVF",等待10s,按压司机操纵台上的"高断合"按钮,操作方向手柄至前向位,若故障消除则继续运营。<br>e. 如牵引逆变器有两个恢复正常,则运行至就近站清客并存入就近存车线。如牵引逆变器有三个及以上恢复,则运行至终点站并备车替开。<br>f. 如无效清客并退出服务,如能动车则运行至就近存车线,否则申请救援 | <br>牵引电机故障(1)<br><br>牵引电机故障(2)<br><br>牵引封锁/激活故障<br>操作断路器"QFHB""QFVF"由断开至合位后,在HMI屏中确认牵引界面中VVVF逆变器显示绿色,VVVF逆变器启动时间约为40s |

续上表

| 序号 | 现象 | 处理建议 | 备注 |
|---|---|---|---|
| 3 | 列车牵引无效，保持制动无法缓解 | 确认网压状态，分合主控钥匙，缓解紧急制动后，重新将主控手柄置于全牵引位并保持至少3s尝试动车，同时检查HMI显示屏牵引封锁提示条件：<br>(1)若"车门未关闭牵引封锁"，且HMI显示车门故障，则按车门故障处理，否则操作客室门全关闭旁路"SKTDB"置于强制位，尝试牵引动车。<br>(2)若"停放制动未缓解牵引封锁"，则按停放制动故障处理。<br>(3)若"紧急制动牵引封锁"，则按紧急制动故障处理。<br>(4)若"超速牵引封锁"，则重新尝试牵引。<br>(5)若"总风低压牵引封锁"，则检查主风管压力。<br>①如压力值异常(小于750kPa)且空压机未启动，则参考空压机故障处理方法进行处理。<br>②如压力值正常，则将司机室电气柜内总风压力旁路旋钮"SKMPB"打至强制位尝试动车，如无效，则将紧急制动短路旋钮"SKESS"打至强制位，如无效，则将应急运行"SKEMP"打至应急位动车，在运行中要关注空压机工作状态。<br>(6)若"信号输出牵引封锁"，则查看信号屏提示，尝试转RM模式动车或切除ATP动车。<br>(7)若"制动不缓解牵引封锁"，则操作台制动不缓解灯亮。将司机室电气柜内制动不缓解旁路"SKNRB"置于强制位，尝试全牵引动车，在动车过程中如在HMI上发现部分车厢制动依然无法缓解或显示故障，则立刻停车，按"部分车厢制动无法缓解制动""部分车厢制动故障"处理。<br>(8)若"其他原因牵引封锁"，则切除ATP，尝试牵引：<br>①若无效，则将司机室电气柜内制动不缓解旁路"SKNRB"置于强制位、停放制动旁路"SKPBB"置于强制位、客室门全关闭旁路"SKTDB"置于强制位、紧急制动旁路"SKEBB"置于强制位，尝试牵引动车。在动车过程中，如在HMI上发现制动无法缓解或显示故障，则立即停车。<br>②如以上无效，则将应急运行"SKEMP"置于强制位，缓解紧急制动后，重新将主控手柄置于全牵引位并保持至少10s尝试动车，如动车后全部车厢制动缓解有效，则继续运行至下一站，清客后再运行至就近存车线 | — |
| 4 | 司控器钥匙卡滞 | 主控钥匙卡滞在主控位无法退出，操作故障端司机室电气柜内主控钥匙旁路开关"SKMKA"，强制取消主控端 | — |
| 5 | 司控器异常 | (1)如可建立ATO模式，则运行至终点站并备车替开。<br>(2)如无法建立ATO模式：<br>①如可牵引制动，则运行到终点站并备车替开。<br>②若不能牵引制动，则操作警惕按钮旁路"SKDMB"置于强制位、应急运行"SKEMP"打至应急位，尝试牵引、制动，运行至就近站清客并存入就近存车线；如无效，则等待救援(在站台发车区域，可尝试退回站台) | — |

续上表

| 序号 | 现象 | 处理建议 | 备注 |
|---|---|---|---|
| 6 | 受电弓故障 | (1)HMI屏显示单个受电弓故障：<br>①通过CCTV屏查看受电弓状态，确认是否发生弓网事故。<br>②如未发生弓网事故，则重新操作司机台升弓旋钮，升弓(等待10s)，如故障消除，则继续运营到终点站并备车替开。<br>③如未正常升起，则运行至下一站，重新操作升降弓一次，如故障未消除则检查故障Mp车"QFIES"断路器、受电弓控制断路器"QFPAN"是否跳断，如跳断则重新闭合后操作升弓。如故障消除则继续运营，如操作无效则清客，将列车运行至就近存车线。<br>④如因刮碰导致单个受电弓损坏，查看CCTV屏确认受电弓已降下，如未降下则操作降弓后，通过操作司机室电气柜内受电弓模式选择开关，选择升起非故障受电弓，单弓运行至就近站清客后退出服务。如受电弓仍无法降下，则按照弓网故障应急预案处理。<br>(2)HMI屏显示两个受电弓故障(或异常降弓)：<br>①通过CCTV屏查看受电弓状态，确认是否发生弓网事故，若是则按照弓网故障应急预案处理。<br>②检查HMI屏上紧急制动提示信息，查看两端司机室紧急制动按钮是否被按下，若按下则复位，继续运营。<br>③若无效，则检查并分合故障Mp车"QFIES"断路器、受电弓控制断路器"QFPAN"，重新操作升弓，若能升弓，则继续运行到终点站并备车替开。<br>④若上述操作仍不能升弓，则申请救援 | 受电弓降弓迫停区间<br>受电弓模式选择中所示的前弓后弓均以主控端为参考 |

## 4. 列车控制和管理系统(TCMS)故障

TCMS系统故障应急处理见表5-12。

**TCMS系统故障应急处理** 表5-12

| 序号 | 现象 | 处理建议 | 备注 |
|---|---|---|---|
| 1 | HMI屏故障或显示网络连接中断 | (1)若能动车，则根据信号显示屏及司机室各指示灯运行至就近站，断合司机室电气柜内HMI电源断路器"QFHMI"，若故障消除则继续运营。<br>(2)如无效，则根据信号显示屏及司机室各指示灯、压力表运行至终点站并备车替开。<br>(3)如无法动车，HMI显示器提示网络连接中断，则断合本端司机室电气柜内VCU电源断路器"QFVCU"：<br>①若故障消除，则继续维持运营至终点站并备车替开。<br>②若无效，则将应急运行"SKEMP"开关打至应急位，运行至下一站清客后退出服务 | — |

续上表

| 序号 | 现象 | 处理建议 | 备注 |
|---|---|---|---|
| 2 | TCMS系统网络故障 | (1)VCU故障。<br>①当一个VCU故障后,观察HMI屏确认另一个VCU正常,则继续维持运营至终点站并备车替开。<br>②若两个VCU同时故障:<br>a. 断合本端司机室电气柜内VCU电源断路器"QFVCU"。若本端VCU故障消除,继续维持运营至终点站并备车替开。<br>b. 若故障未消除,则将应急运行"SKEMP"开关打至应急位,尝试动车,运行至下一站清客后退出服务。<br>(2)RIOM故障。<br>①断合故障车司机室电气柜内RIOM电源断路器"QFRI1""QFRI2",合上故障车客室电气柜内RIOM电源断路器"QFRI"。若故障消除则继续运营。<br>②若Mp/M车的RIOM故障不能恢复,则运行至终点站并备车替开。<br>③若Tc车的RIOM故障不能消除,将应急运行"SKEMP"开关打至应急位,尝试动车,运行至就近站清客后退出服务。<br>(3)RPT故障。<br>①断合故障车司机室电气柜内RPT电源断路器"QFRPT",断合故障车客室电气柜内RPT电源断路器"QFRPT1""QFRPT2",若故障消除则继续运营。<br>②若Mp/M车的RPT故障不能恢复,则尝试动车,若能动车,则运行至终点站并备车替开。若仍不能动车,则将应急运行"SKEMP"开关打至应急位,尝试动车,运行至就近站清客。<br>③若Tc车的RPT故障不能恢复,则将应急运行"SKEMP"开关打至应急位,尝试动车,运行至就近站清客 | 若故障现象过于异常或多个系统同时报故障,点击HMI屏左上角进入实时故障提示界面,确认是否存在网络系统VCU、RIOM、RPT故障。若存在,按照相关故障进行应急处理 |

**5. 车门故障**

车门故障应急处理见表5-13。

车门故障应急处理　　　　　　　　　　　　　表5-13

| 序号 | 现象 | 处理建议 | 备注 |
|---|---|---|---|
| 1 | 列车单侧车门无法正常打开 | (1)开门指示灯不亮:<br>①检查列车是否已对标停车,先对标停车后再开门。<br>②按压侧墙/司机台上的关门按钮后,再按压开门按钮。<br>(2)开门指示灯亮:<br>①重新按压侧墙/司机台上的开门按钮。<br>②如无效,则按压侧墙/司机台上的关门按钮后,再按压开门按钮。<br>③如无效,则将零速旁路开关"SKZVB"打到强制位,再次操作开门按钮。<br>(3)如以上操作均无效:<br>①确认零速旁路开关"SKZVB"打到强制位,重新分合主控钥匙后,再次操作开门按钮。<br>②如无效,则断合司机室电气柜内列车门控制1断路器"QFTD1"、列车门控制2断路器"QFTD2",再次操作开门按钮。<br>③如无效,则切除ATP,将门模式开关转MM模式,操作司机台上的门使能旋钮,再次操作开门按钮。<br>④如无效,则先手动打开站台门,换端到尾端司机室操作开门按钮,在本站清客。<br>⑤如无效,则操作客室车门紧急解锁,在本站清客 | 整侧车门无法打开 |

续上表

| 序号 | 现象 | 处理建议 | 备注 |
|---|---|---|---|
| 2 | 列车单侧车门无法正常关闭 | (1)再次按压侧墙/司机台上的关门按钮。<br>(2)如无效,则断合主控钥匙,重新尝试操作关门按钮。<br>(3)如无效,则断合司机室电气柜内列车门控制1断路器"QFTD1"、列车门控制2断路器"QFTD2",先按开门按钮,再按关门按钮。<br>(4)如无效,清客后先手动关闭站台门,换端到尾端司机室操作关门按钮。<br>(5)如无效,则在本站清客,将驾驶端司机室电气柜内客室门全关闭旁路"SKTDB"打至强制位,降级到RM模式动车(如无法动车,则申请切除ATP动车),并退出服务 | <br>整侧车门无法关闭 |
| 3 | HMI显示单个车门异常 | (1)单个车门无法打开,重新再次操作开门按钮:<br>①若车门正常打开且能正常关闭,关门后确认车门全关指示灯亮(条件允许的话,应通过CCTV视频监控确认故障车门状态),则继续运营。<br>②若重新操作开门按钮后,车门仍未正常打开,关门后,确认门全关闭指示灯亮,HMI屏上车门图标显示车门保持关闭状态,未影响列车牵引,则运行至下一站,如门能打开则继续运营,如门打不开则切除故障车门,继续运营。<br>③如门全关闭指示灯不亮,则在本站切除故障车门后继续运营。<br>(2)单个车门无法关闭,尝试重新操作关门按钮:<br>①如可正常电动关闭,则继续运营。<br>②如无法正常电动关闭,则尝试手动关闭。<br>a.可手动关闭,切除故障车门后继续运营。<br>b.如无法手动关闭,则在本站清客,将驾驶端司机室电气柜内客室门全关闭旁路"SKTDB"打至强制位,降级到RM模式动车(如无法动车,则申请切除ATP动车),专人监控故障车门,运行至就近存车线。<br>(3)单个车门被紧急解锁:<br>①站台区域信号触发紧急制动,司机至客室确认现场安全后,复位紧急解锁。<br>②区间运行中触发紧急解锁,车门自动尝试关闭,司机检查车厢CCTV视频监控,如有异常情况则停车后至客室处理并复位紧急解锁。<br>(4)单个车门提示防夹:<br>①检查是否有夹人、夹物。<br>②如车门误触发自动防夹,则尝试重新关门,如依然出现误触发自动防夹,车门最终完全打开,或单程两个站误触发自动防夹,则手动关闭故障车门并切除,然后继续运营 | 单节车有两个及以上车门切除,或全列车有三个及以上车门切除,列车运行至终点站并备车替开。在终点站处理无效后退出服务。<br>切除车门后,司机需要复查切除车门的位置正确 |

续上表

| 序号 | 现象 | 处理建议 | 备注 |
|---|---|---|---|
| 4 | HMI显示单节车厢单侧或两侧车门通信故障状态未知、显红、动作异常 | (1)记录故障车门车厢位置,断合故障车厢客室电气柜内本车门电源1断路器"QFLD1"、本车门电源2断路器"QFLD2",并重新尝试操作开关门。若故障消除则继续运行。<br>(2)如以上操作无效:<br>①单节车厢车门HMI提示通信故障,但车门动作正常,可正常开关门,门全关闭指示灯亮,则运行至终点站并备车替开。<br>②单节车厢车门无法正常关闭,则在本站清客,手动关门,切除驾驶端司机室ATP,并将客室门全关闭旁路"SKTDB"打至强制位后动车。<br>③单节车厢车门无法正常打开,则在本站清客 | — |
| 5 | 门全关闭指示灯不亮,但HMI屏显示车门已完全关闭 | (1)如在站台区域,按压司机操纵台试灯按钮:<br>①门全关闭指示灯不亮,则尝试牵引动车。<br>②门全关闭指示灯亮,则先尝试重新手动开关门一次:<br>a. 如无效,则断合主控钥匙,断合司机室电气柜内的列车门控制1断路器"QFTD1"、列车门控制2断路器"QFTD2"。尝试重新开关门一次,检查车门是否已关闭。<br>b. 如无效,则确认HMI屏上车门图标显示已全部关闭,尝试动车。<br>c. 如无效,则检查客室车门实际状态,尝试牵引,若无法动车,则切除驾驶端司机室ATP,并将客室门全关闭旁路"SKTDB"打至强制位,运行到终点站并备车替开。在运作中要时刻关注HMI屏上的车门状态及故障信息,如有异常情况则立刻制动停车。<br>(2)若列车运行中:<br>①时刻关注HMI屏上的车门状态及故障信息,若车门无故障提示且显示全部车门关闭,则维持运行到下一站。<br>②列车到达站台后,按照站台区域操作步骤进行处理 | "所有车门关闭"指示灯不亮 |
| 6 | 在运行中门全关闭指示灯亮,HMI屏显示单个车门打开 | (1)若瞬间恢复,通过HMI、CCTV屏确认车门状态,继续运营。<br>(2)若未恢复:<br>①若能正常运行,通过HMI、CCTV屏确认车门位置及状态,运行至就近站,确认车门关闭并切除故障门,然后继续运营。<br>②若不能正常继续运行,则停车后至故障车门切除该车门,然后继续动车 | 单个车门故障 |
| 7 | 司机室侧门机械卡死,无法关闭或打开 | (1)若司机室侧门打不开,车站人员协助确认无夹人、夹物等异常情况,司机须确认门全关闭指示灯亮、得到车站人员"好了"信号后方可动车。将列车运行至终点站并备车替开。若在终点站处理无效,则退出服务。<br>(2)若司机室侧门关不上,司机应做好自身及物品防护,将列车运行至终点站并备车替开 | — |

## 6. 其他故障

其他故障应急处理见表5-14。

其他故障应急处理　　　　　　　　　　表5-14

| 序号 | 现象 | 处理建议 | 备注 |
|---|---|---|---|
| 1 | 空调不启动 | (1)一台客室空调机组故障：<br>继续运营至终点站，断合故障车空调柜内机组1主回路断路器"Q61"、机组2主回路断路器"Q62"和故障车客室电气柜内的本车空调控制断路器"QFLAC"，重启空调机组，然后在HMI屏上空调界面点击空调模式按钮和确认按钮。无论故障是否恢复，均继续运营。<br>(2)多台客室空调机组故障：<br>①检查HMI屏上SIV工作状态，如SIV故障，则依照SIV故障处理步骤处理。<br>②将列车运行至终点站并备车替开。在终点站断合故障车空调柜内机组1主回路断路器"Q61"、机组2主回路断路器"Q62"和故障车客室电气柜内的本车空调控制断路器"QFLAC"，重启空调机组，然后在HMI屏上空调界面点击空调模式按钮和确认按钮。若故障消除则继续运营。<br>③若以上操作无效，则在故障车客室空调柜内空调控制器上将控制模式改为"本控模式"，启动空调。<br>(3)整列空调不启动或故障：<br>①检查HMI屏上SIV工作状态，如SIV故障，则依照SIV故障处理步骤处理。<br>②将列车运行至下一站，检查司机室电气柜内空调集控开关是否在网控位，重新在HMI屏上设置空调模式及参数并点击"确认"按钮。<br>③如无效，则断合司机室电气柜内列车空调控制断路器"QFACC"，断合主控钥匙，重新选择客室空调模式开关在网控位，重启空调。<br>④如无效，则选择客室空调模式开关在通风位。继续运营（春、秋季），将列车运行至终点站并备车替开（夏季、冬季）。<br>⑤如无效，将列车运行至终点站并备车替开。在终点站断合故障车空调柜内机组1主回路断路器"Q61"、机组2主回路断路器"Q62"和故障车客室电气柜内的本车空调控制断路器"QFLAC"，重启空调机组，并将空调机组设置为本控模式。<br>(4)如司机室送风/回风单元故障，则重新开关司机室送风/回风单元开关旋钮，无论故障是否消除，均继续运营 | — |

续上表

| 序号 | 现象 | 处理建议 | 备注 |
|---|---|---|---|
| 2 | 乘客信息系统故障 | (1)LCD电子图文显示器不显示或卡滞,列车运行到终点站处理:<br>①单节车出现故障时,断合故障车电气柜内LCD显示屏电源断路器"QFLCD"、客室广播控制断路器"QFPS"。<br>②整列车故障时,断合司机室电气柜内广播控制"QFPS"。<br>③无论故障是否消除,均继续运营。<br>(2)司机室视频监控显示屏CCTV不显示或未连接,列车运行至终点站处理:<br>①全列车摄像头无显示时,断合故障端司机室电气柜内司机室广播控制断路器"QFPS",若故障消除则继续运营,若无效则备车替开。<br>②单节车出现故障,断合故障车电气柜内客室广播控制"QFPS"。无论故障是否消除,均继续运营。<br>(3)客室LCD电子动态地图显示屏故障,广播功能正常:<br>①单节车出现故障时,列车运行至终点站后,断合故障车电气柜内电子地图电源断路器"QFDRM"、客室广播控制"QFPS"。无论故障是否消除,均继续运营。<br>②整列车故障时,列车运行至终点站后,断合司机室电气柜内广播控制"QFPS",若故障消除则继续运营,若无效则备车替开。<br>(4)广播功能故障:<br>①自动或半自动或手动广播正常,人工广播(PA)不可用时,列车运行到终点站后,断合司机室广播控制"QFPS",若故障消除则继续运营,若处理无效则备车替开。<br>②全自动、半自动、手动广播全部不可用,人工广播(PA)正常时,使用人工广播,列车运行到终点站后,断合司机室电气柜内广播控制"QFPS",无论故障是否消除,均继续运营。<br>③所有广播不可用,运行至就近站断合司机室电气柜内广播控制"QFPS",若故障消除则继续运营。如处理无效则运行至终点站并备车替开 | — |
| 3 | 烟火报警 | (1)检查HMI屏提示火警信息,观察CCTV屏及客室情况,确认是否发生真实火警。<br>(2)如发生火灾,应立刻上报OCC并按相关应急预案处理。<br>(3)如系统误报,应进入复位界面,进行复位操作后再继续运行。<br>(4)如误报且复位无效,则将列车运行至终点站并备车替开。在终点站断合司机室和误报火警车厢的火灾报警控制断路器"QFFAS" | — |
| 4 | 司机室后端门故障 | (1)司机室后端门无法关闭时,车站人员协助司机做好防护,车辆驻站人员就近车站上车防护,将列车运行至终点站进行处理,并备车替开。<br>(2)司机室后端门无法打开时,司机经由司机室侧门进出列车完成换端操作,将列车运行至终点站进行处理,并备车替开 | — |

续上表

| 序号 | 现象 | 处理建议 | 备注 |
|---|---|---|---|
| 5 | 车下走行部有异响 | (1)车轮与轨道产生的异响：<br>　声音不连续、相对尖锐刺耳，多发生在道岔、弯道区域，伴随一定的震动。车辆驻站人员就近车站上车，详细记录并反馈异响位置及特点，车辆继续运营。<br>(2)车辆自身异响：<br>　①若异响较大，则车辆驻站人员就近车站上车，初步判断异响位置及影响，视异响情况决定列车能否继续运营。<br>　②若车下有巨大异响，并伴有明显异常震动或异味，则车辆限速(正常运营限速值的50%)运行至就近车站清客 | — |
| 6 | 头灯故障 | (1)驾驶端司机室剩余一个及以上近光灯或远光灯亮：<br>　将列车运行至下一站，断合司机室电气柜内列车前照灯空开"QFELH1""QFELH2"，无论故障是否消除，均继续运营。<br>(2)驾驶端司机室近光灯及远光灯均不亮：<br>　①发生在高架段时，如视线良好则运行到终点站，断合司机室电气柜内列车前照灯空开"QFELH1""QFELH2"，如故障消除则继续运营，否则备车替开。如视线不好影响瞭望时，将列车运行至下一站清客并进入就近存车线。<br>　②发生在地下段时，就近站断合司机室电气柜内列车前照灯空开"QFELH1""QFELH2"，如故障消除则继续运营。如视线不好影响瞭望时，将列车运行至下一站清客并进入就近存车线 | — |

7. 应急故障处理通用步骤

应急故障处理通用步骤见表5-15。

应急故障处理通用步骤　　　　　　　　　　　　　　表5-15

| 序号 | 故障时刻所在位置 | 处理步骤 | 备注 |
|---|---|---|---|
| 1 | 未完全离开站台 | (1)将应急运行"SKEMP"开关打至应急位，尝试动车，将列车运行至下一站清客后退出服务。<br>(2)如不能动车，再将司机室电气柜内紧急制动旁路"SKEBB"、紧急制动短路旁路"SKESS"、客室门全关闭旁路"SKTDB"、制动不缓解旁路"SKNRB"、停放制动旁路"SKPBB"、警惕按钮旁路"SKDMB"、零速旁路"SKZVB"打至强制位，尝试动车，将列车运行至下一站清客后退出服务。<br>(3)如不能动车，再切除ATP，尝试动车，将列车运行至下一站清客后退出服务。<br>(4)如仍不能动车，则报行车调度员，在本站清客，按以下步骤操作：<br>　①按操作要求，降弓、关断列车蓄电池，等待7s后重新唤醒蓄电池、升弓，如能动车，则存入就近存车线。<br>　②如不能动车，则同时操作(1)~(3)步骤，尝试动车，存入就近存车线。<br>　③如仍不能动车，则申请救援 | 列车重启后HMI屏会报"24h未自检"故障信息，暂无须处理 |

续上表

| 序号 | 故障时刻所在位置 | 处理步骤 | 备注 |
|---|---|---|---|
| 2 | 区间内 | (1)将应急运行"SKEMP"开关打至应急位,尝试动车,将列车运行至下一站清客后退出服务。<br>(2)如不能动车,再将司机室电气柜内紧急制动旁路"SKEBB"、紧急制动短路旁路"SKESS"、客室门全关闭旁路"SKTDB"、制动不缓解旁路"SKNRB"、停放制动旁路"SKPBB"、警惕按钮旁路"SKDMB"、零速旁路"SKZVB"打至强制位,尝试动车,将列车运行至下一站清客后退出服务。<br>(3)如不能动车,再切除 ATP,尝试动车,将列车运行至下一站清客后退出服务。<br>(4)如仍不能动车,则申请救援 | — |

### 拓展阅读

## 列车故障诊断系统

列车故障诊断系统负责诊断各系统故障,收集来自司机台的控制信号。该系统的故障诊断功能由 A 车的中央故障存储单元承担。每三节车构成一个可独立工作的单元车级诊断系统;对一个六节车编组的列车而言,两个单元车级诊断系统可组成一个列车级的诊断系统。

利用诊断系统记录的数据可以判断、查找和排除故障。诊断系统的故障数据及其环境参数或跟踪参数都是以数据库的形式存于显示器的硬盘里,通过网络接口连接计算机与硬盘后,将数据方便地下载成一个数据库文件。计算机分析软件可以将数据库文件解压,以表格的形式将故障的发生和消失一一列出,各个故障的背景参数也可以显示出来。至于牵引控制单元严重故障、中等故障、紧急制动,还有跟踪参数,可以用彩色图形显示出发生故障前后本单元动车检测到的网压和牵引/制动力矩以及速度的模拟量、牵引/制动命令以及司机室其他控制命令和设备状态,这有助于了解故障发生时的列车状态,从而分析故障原因以便处理故障。

# 技能工作页

## 知识巩固

姓名：_____ 班级：_____ 学号：_____
训练起止时间：_____时_____分至_____时_____分 用时：_____时_____分

### 一、填空题

1. 根据故障发生的设备，可将列车故障分为_____和_____。
2. 若TOD黑屏时，列车无法正常转为ATO模式运行，则切除_____运行。
3. 若整侧站台门故障，ATS工作站显示站台门打开，则车站人员向行车调度员申请操作_____接发列车。
4. 切除1个转向架B05阀门，列车限速_____km/h。
5. 当两台辅助逆变器同时停机时，在网压正常时如无380V输出，查看HMI屏是否触发_____按键。
6. 列车头灯故障发生在地下段时，应就近站断合司机室电气柜内列车_____空开，如故障消除则继续运营。

### 二、选择题

1. 切除2个转向架B05阀门，列车限速(　　)km/h。
   A. 85  B. 75  C. 65  D. 55
2. 当列车蜂鸣器响起后(　　)s内按压警惕按钮，列车不触发紧急制动。
   A. 1  B. 2  C. 3  D. 4
3. 若列车牵引无效，将应急运行置于强制位，缓解紧急制动后，重新将主控手柄置于全牵引位并保持至少(　　)s尝试动车。
   A. 10  B. 20  C. 30  D. 40
4. 若列车车门无法关闭，在确认无零速信号时，可操作(　　)。
   A. 零速旁路开关　　　　　　　　B. 关门按钮
   C. 切除ATP　　　　　　　　　　D. 门关好旁路

### 三、判断题

1. 烟火报警如误报且复位无效，则将列车运行至终点站并备车替开。在终点站断合司机室和误报火警车厢的火灾报警控制断路器。(　　)
2. 若LCD电子图文显示器不显示或卡滞，列车应立即停车处理。(　　)
3. 单节车有两个及以上车门切除，或全列车有三个及以上车门切除时，将列车运行至终

站并备车替开。在终点站处理无效则退出服务。（　　）

4. 如因刮碰导致单个受电弓损坏,查看CCTV屏确认受电弓已降下,如未降下则操作降弓后,通过操作司机室电气柜内受电弓模式选择开关,选择升起非故障受电弓,继续运行完成当日交路。（　　）

## 四、简答题

1. 简述列车TOD黑屏、白屏、卡屏的故障处理流程。

2. 列车紧急制动无法缓解,如何处置?

3. 列车单侧车门无法正常打开,如何处置?

4. 简述整列空调不启动或故障时的处理流程。

5. 简述列车未完全离开站台时的应急故障处理通用步骤。

# 技 能 训 练

姓名：_____ 班级：_____ 学号：_____
训练起止时间：____时____分至____时____分 用时：____时____分

当单节气制动故障时，"车辆显示屏"上的单节气制动图标呈现红色，列车无法动车。故障发生在区间，列车牵引封锁，自动停车后，无法动车。表5-16为单节气制动故障处理任务工单。

单节气制动故障处理任务工单　　　　　　　　　　　表5-16

| 序号 | 作业程序 | 作业内容 |
|---|---|---|
| 1 | 确认故障信息，判断故障 | |
| 2 | 汇报列车故障信息 | |
| 3 | 司机广播安抚乘客 | |
| 4 | 检查故障单元车空开 | |
| 5 | 向行车调度员申请切除故障单元车制动 | |
| 6 | 返回司机室确认制动切除 | |
| 7 | 操作尝试动车 | |
| 8 | 动车后报行车调度员 | |

# 评 价 反 馈

## 一、自我评价

根据本任务的学习情况,请在已完成的知识点和技能点前的方框内打"√"。

☐ 掌握各类信号类故障的应急处置。
☐ 掌握各类车辆类故障的应急处置。
☐ 工作页已完成并提交。
☐ 工作页未完成,未完成的原因:_____。

## 二、教师评价

1. 工作页

☐ 已完成并提交。
☐ 未完成,未完成的原因:_____。

2. 图框、标题栏的绘制

☐ 已完成,质量较好。
☐ 已完成,质量一般。
☐ 未完成,未完成的原因:_____。

3. 7S 评价

☐ 工具、学习资料摆放整齐。
☐ 环境整齐、干净。

## 任务三 列车救援作业

### 任务引导

在列车运行过程中一旦发生故障且不能快速处理,为了避免造成列车晚点,就必须将故障车移出运行区间,即采取列车救援措施。列车连挂救援是城市轨道交通运营中应对突发状况的重要措施之一,它依赖于其他车辆作为救援车,将故障车牵引连挂至停车库或不影响运营的地方。救援连挂作为正线运营突发状况下应急处置中重要的一环,要求列车司机必须在安全的前提下确保救援的效率。因此,列车故障救援作业流程及注意事项是列车司机必须掌握的基本工作内容。

某城市地铁公司正线运营列车因故障导致列车无法动车,司机进行应急处置后故障无法消除,列车依然无法动车。当天8:40,行车调度员指令基地内列车出库连挂故障车进行救援。9:05,基地内列车出库,到达故障车所在位置与故障车连挂时,因列车处于小半径曲线位置,车钩对位不正,车钩发生碰撞,连挂失败。为了保证连挂成功,连挂救援时,还有哪些问题需要注意呢?图5-2为列车区间故障时正在采取列车救援。

图5-2 列车救援

### 课前思考

1. 正线运行的列车发生故障需要进行救援时,应竭力遵循"正向救援"的准则,以确保其他正线列车运行的秩序。能不能采用"逆向救援"呢?

2. 采用正线列车救援故障车时,对救援车有什么要求?

### 理论储备

#### 一、列车救援概述

1. 列车救援的含义

列车救援运行是列车运输中较为常见的特殊运行方式,它是为了迅速及时地将在正线运行中出现故障而在规定时间内不能处理、排除故障的电客车及时迅速地移动到指定地点而开通运营线路的运行方式。

2. 列车救援的方式

列车救援运行一般可使用基地内的内燃机车或由参加正线运行的电客车进行牵引或推进作业完成；目前使用较多的是利用正线运行的电客车完成，在一般情况下，它更加快捷、迅速，有利于线路开通。

3. 列车救援的基本准则

（1）列车救援运行的方式方法由行车调度员根据当时的运行状态决定，各车站和车辆基地运行的列车司机等有关人员必须根据行车调度员的命令执行，遵循相关行车规则，积极、认真、负责地参与故障救援运行的实施。

（2）正线运行的列车发生故障需要进行救援时，应竭力遵循"正向救援"的准则，以确保其他正线列车运行的秩序。

（3）正线运营时间列车故障的救援方法，原则上，应尽量采用相邻后续列车顶进故障列车的正向推进方法运行。如遇故障车后方有辅助线时，也可利用前行列车反向推进故障车的运行方法进行救援。

## 二、列车救援前的基本处置要求

1. 对故障列车的要求

（1）运行列车在区间或者车站因故障被迫停车或不能启动列车运行时，故障列车司机要立即采取有效制动措施，并且用无线电话或其他有效通信工具向行车调度员报告情况，并在规定的时间内进行故障排除，如果不能迅速排除，应及时向行车调度员汇报并且请示故障救援，已经请求故障救援的列车不得移动。

（2）故障列车司机救援请求报告内容如下。

①列车车次、车号。

②请求救援的事由原因。

③迫停时间、地点（以百米标为准）。

④是否影响邻线。

⑤其他需要说明的事项。

（3）请求救援后的处置如下。

①行车调度员确认故障列车状况，下达调度命令，并与故障列车司机讲清救援列车开来方向。

②故障列车司机根据行车调度员指示的来车救援方向进行救援前的准备工作，包括技术与服务准备，如施加列车停车制动，关闭相关开关、阀门，进行客室广播说明情况，或者进行"清客"等措施。

③故障列车在救援列车开来方向打开列车车头灯进行防护。

2. 对救援列车的要求

（1）担任救援的列车在接到行车调度员的命令后，要根据行车调度员的命令在就近的车站进行"清客"作业。

(2)"清客"时要按规定进行广播,适时关闭车厢照明。

(3)救援列车开行时不办理行车闭塞,司机要获得进入已经封锁区间的行车凭证(调度命令)。

(4)有关列车的开行、折返、反向运行等按调度命令要求执行。

3. 对"清客"的规定

(1)如果故障列车或者救援列车在调度命令下达时在区间内,应在救援运行到达的第一个车站"清客"。

(2)无法完全"清客"时,应在救援列车回库或进入折返线前所在站台再次"清客",不允许乘客进入库内或进入折返线内。

(3)使用内燃机车开行救援列车时,救援机车司机应确认被救援列车的"清客"状态。

### 三、救援调车作业的基本要求

1. 对执行信号与命令的要求

(1)救援调车作业必须按照行车调度员的救援命令和有关道岔的防护信号机或手信号显示的要求进行。

(2)进行手信号调车时,调车指挥人为故障列车司机。

(3)作业时,调车指挥人(故障列车司机)必须正确及时地显示信号,救援司机应确认信号,并鸣笛回示。

(4)无论是故障列车司机还是救援列车司机,在接受救援命令时都必须复诵核对,确认无误后执行。

2. 对救援连挂作业的要求

(1)救援列车开往故障地点时,应使用SM人工驾驶模式进行,并且加强瞭望,限制行车速度,当接近故障车地点时,列车收到"零码",列车停车后司机应使用RM模式驾驶列车运行。

(2)以内燃机车为救援列车时,必须在运行中高度警惕,不得超过规定速度,彻底瞭望,防止失去制动时机与制动距离而撞车。

(3)救援列车应距被救援列车20m外停车,以5km/h速度接近故障车,在3m处一度停车听候救援负责人(被救援列车司机)的指挥连挂。

(4)故障列车司机在完成等待救援的准备工作后,应在与救援列车连挂端前方防护,发现救援列车到达,必须按规定显示手信号或用无线电对讲机与救援列车司机联络,待救援列车司机回复后才能允许挂车。

(5)故障列车应按信号显示规定指挥连挂作业,连挂作业时的速度不得超过3km/h。

(6)连挂后的列车必须进行试拉,确认连挂妥当;连挂完毕后,故障车司机须进行制动隔离。

(7)救援列车司机与故障列车司机必须进行无线电对讲设备的测试校对,确认良好后才能按规定动车。

## 四、救援运行的进路确认和速度要求

1. 进路确认

(1)救援列车连挂故障列车牵引运行时,前方进路确认由救援列车司机负责,行车方式为手动模式驾驶。

(2)救援列车连挂故障列车推进运行时,前方进路确认由故障列车司机负责,并随时用无线电对讲设备通知救援列车司机,遇有危及行车安全与人身安全的情况,要及时通知救援列车司机采取紧急停车措施。推进运行的行车方式为手动驾驶。

(3)救援运行时,通过车站的运行方式、车站停车位置等事项按调度命令和有关规定执行。

2. 速度要求

(1)故障救援牵引运行时的运行速度正线限速45km/h。

(2)故障救援推进运行时的运行速度限速25km/h。

(3)天气不良或环境恶劣时应适当降低速度。

## 技能工作页

### 知识巩固

姓名：_____ 班级：_____ 学号：_____
训练起止时间：_____时_____分至_____时_____分 用时：_____时_____分

**一、填空题**

1. 故障救援运行一般可使用基地内的_____或由参加_____的电客车进行牵引或推进作业完成。

2. 正线运行的列车发生故障需要进行救援时,应竭力遵循_____的准则,以确保其他正线列车运行的秩序。

3. 故障救援牵引运行时的运行速度正线限速_____km/h。

4. 故障救援运行的方式方法由_____根据当时的运行状态决定。

**二、选择题**

1. 故障救援推进运行时的运行速度限速(　　)km/h。
   A. 15　　　　　B. 25　　　　　C. 35　　　　　D. 45

2. 故障车在救援列车开来方向打开列车(　　)进行防护。
   A. 车头灯　　　　　　　　　　B. 尾灯
   C. 运行灯　　　　　　　　　　D. 司机室灯

3. 进行手信号调车时,调车指挥人为(　　)。
   A. 行车调度员　　　　　　　　B. 故障列车司机
   C. 站务员　　　　　　　　　　D. 安全员

4. 救援列车应距故障列车(　　)m外停车,以5km/h速度接近故障列车,在3m处一度停车,听候救援负责人(故障列车司机)的指挥连挂。
   A. 5　　　　　B. 10　　　　　C. 15　　　　　D. 20

**三、简答题**

1. 救援列车的基本要求是什么?

_____
_____
_____
_____

2. 故障列车司机的救援请求报告内容有哪些?

3. 列车救援过程中的"清客"规定指什么?

4. 救援运行的进路确认指什么?

# 技 能 训 练

姓名:_____  班级:_____  学号:_____

训练起止时间:____时____分至____时____分 用时:____时____分

故障列车在区间突发制动无法缓解故障,司机经排查后确认无法动车,报告行车调度员申请救援。表5-17为列车救援任务工单。

列车救援任务工单　　　　　　　　表5-17

| 序号 | 作业程序 | 作业内容 |
|---|---|---|
| 1 | 救援列车开往故障地点 | |
| 2 | 救援列车靠近故障列车 | |
| 3 | 故障列车司机防护 | |
| 4 | 故障列车司机指挥连挂作业 | |
| 5 | 连挂后试拉 | |
| 6 | 连挂后测试校对 | |

# 评 价 反 馈

## 一、自我评价

根据本任务的学习情况,请在已完成的知识点和技能点前的方框内打"√"。
□掌握列车故障救援的基本准则。
□掌握列车救援前的基本处置要求。
□掌握列车救援作业的基本要求。
□掌握救援运行的进路确认和速度要求。
□工作页已完成并提交。
□工作页未完成,未完成的原因:＿＿＿＿＿＿＿＿＿＿＿＿＿＿＿＿＿＿＿＿＿＿。

## 二、教师评价

1. 工作页

□已完成并提交。
□未完成,未完成的原因:＿＿＿＿＿＿＿＿＿＿＿＿＿＿＿＿＿＿＿＿＿＿＿＿＿。

2. 图框、标题栏的绘制

□已完成,质量较好。
□已完成,质量一般。
□未完成,未完成的原因:＿＿＿＿＿＿＿＿＿＿＿＿＿＿＿＿＿＿＿＿＿＿＿＿＿。

3. 7S 评价

□工具、学习资料摆放整齐。
□环境整齐、干净。

## 参 考 文 献

[1] 毛昱洁. 城市轨道交通电动列车驾驶[M]. 北京:机械工业出版社,2020.
[2] 阎国强. 城市轨道交通电动列车驾驶[M]. 上海:上海科学技术出版社,2021.
[3] 蔡海云. 城市轨道交通电动列车驾驶[M]. 北京:人民交通出版社股份有限公司,2018.
[4] 鲁新华. 城市轨道交通电动列车驾驶[M]. 北京:中国铁道出版社,2021.
[5] 王丽红. 城市轨道交通电动列车驾驶[M]. 北京:人民交通出版社股份有限公司,2018.
[6] 谭恒,刘利莉. 城市轨道交通突发事件应急处理[M]. 北京:机械工业出版社,2022.
[7] 李宇辉. 城市轨道交通应急处理[M]. 北京:人民交通出版社股份有限公司,2023.